FERNANDO NICOLAU FREITAS FERREIRA
CISM, CGEIT, CFE, CITP, CobiT Foundations, BS7799 Lead Auditor

MÁRCIO TADEU DE ARAÚJO
BS7799 Lead Auditor

POLÍTICA DE SEGURANÇA DA INFORMAÇÃO

GUIA PRÁTICO PARA ELABORAÇÃO E IMPLEMENTAÇÃO

CONSTRUA SEU SISTEMA DE GESTÃO DA SEGURANÇA DA INFORMAÇÃO
A PARTIR DESTE IMPORTANTE DOCUMENTO CORPORATIVO.
ALCANCE CONFORMIDADE COM A NORMA NBR ISO/IEC 27002:2005.

INCLUI CD-ROM

PREFÁCIO E CONTRIBUIÇÃO DE ALBERTO EVANDRO FÁVERO

2ª Edição – Revista e Ampliada
Governança de Segurança, Sarbanes-Oxley, Gestão de Riscos

Política de Segurança da Informação - Guia Prático para Elaboração e Implementação 2ª Edição Revisada

Copyright (C) 2008 Editora Ciência Moderna Ltda.

Todos os direitos para a língua portuguesa reservados pela Editora Ciência Moderna Ltda. De acordo com a Lei 9.610 de 19/2/1998, nenhuma parte deste livro poderá ser reproduzida, transmitida e gravada, por qualquer meio eletrônico, mecânico, por fotocópia e outros, sem a prévia autorização, por escrito, da Editora.

Editor: Paulo André P. Marques
Capa: Raul Rangel
Diagramação: Julio Lapenne / Avatar Design
Revisão: Eveline Vieira Machado
Assistente Editorial: Daniele M. Oliveira

Várias Marcas Registradas aparecem no decorrer deste livro. Mais do que simplesmente listar esses nomes e informar quem possui seus direitos de exploração, ou ainda imprimir os logotipos das mesmas, o editor declara estar utilizando tais nomes apenas para fins editoriais, em benefício exclusivo do dono da Marca Registrada, sem intenção de infringir as regras de sua utilização. Qualquer semelhança em nomes próprios e acontecimentos será mera coincidência.

Esta obra encontra-se registrada na Biblioteca Nacional sob o protocolo número 6930/05,

FICHA CATALOGRÁFICA

Ferreira, Fernando Nicolau Freitas
Araújo, Márcio Tadeu de
Política de Segurança da Informação - Guia Prático para Elaboração e Implementação 2ª Edição Revisada
Rio de Janeiro: Editora Ciência Moderna Ltda., 2008.

Segurança da Informação
I – Título

ISBN: **978-85-7393-771-8**   CDD 651.8

Editora Ciência Moderna Ltda.
Rua Alice Figueiredo, 46 – Riachuelo
Rio de Janeiro – Brasil – CEP: 20950-150
Tel: (21) 2201-6662
Fax: (21) 2201-6896 / 2281-5778
http://www.lcm.com.br
lcm@lcm.com.br

10/08

Agradecimentos e Dedicatórias

Fernando Nicolau Freitas Ferreira

Dedicatória

Dedico este livro aos meus pais, Antonio e Neide, que me encaminharam na trilha do saber, e à minha avó Zulmira, por seus valores incontestáveis. À minha irmã Rosana e à minha amada e companheira esposa, Elisa.

Agradecimentos

Em primeiro lugar, a Deus; pela saúde e sabedoria.

Aos amigos que acreditam no meu trabalho e, principalmente, em mim.

Claro que não posso esquecer daqueles que estão comigo, diariamente, no ambiente de trabalho – especial agradecimento ao amigo Ivo Cairrão pelas importantes contribuições fornecidas em minha vida profissional durante os anos de convivência.

Ao amigo Alberto Fávero, a quem responsabilizo pelo interesse e entusiasmo que desenvolvi por Auditoria de Sistemas e Segurança da Informação.

Àqueles que, de alguma forma, contribuíram para que eu não desistisse deste trabalho extraordinário.

Márcio Tadeu de Araújo

Dedicatória

Dedico este livro à minha família, que tem participação fundamental em tudo que faço e sou na vida, pois sempre tive o apoio, o carinho e o amor de meus queridos irmãos, Marcos e Maurici, e de meus amados pais Marli e Jair, que sempre me aconselharam no caminho do bem, do trabalho e dos ensinamentos do Mestre Jesus.

Ressalto meu pai, Jair, que é e sempre será o meu exemplo de Homem, sendo sinônimo de honestidade, dignidade, bom caráter, vontade de vencer e ser na vida.

Agradecimentos

Acredito que o sucesso em nossas vidas não ocorre por acaso, vem sempre acompanhado de muito trabalho, esforço e dedicação, sendo na maior parte do tempo transpiração, aliada a um pouco de inspiração. No entanto, é preciso ajuda, orientação, aconselhamento.

Por isso, quero lembrar de pessoas especiais que ao longo do tempo, em algum momento, impulsionaram a minha vida por meio de conselhos e orientações construtivas. Felizmente, a vida ofereceu-me a oportunidade de conhecer muitas pessoas maravilhosas, entre as quais poderia citar muitas. Entretanto, destaco algumas pessoas pela sua participação muito especial, que são: Milena, Herman, André Gargaro, Fugita, André Mancuso, Reginaldo e Ademilton, além da casa maravilhosa que Deus me deu, tendo a oportunidade de poder estudar os ensinamentos de Jesus, o Centro Espírita Seara do Mestre.

Caros leitores, amigos, familiares que Deus abençoe a todos nós.

Obrigado por tudo!

Sobre os Autores

FERNANDO NICOLAU FREITAS FERREIRA

fernandoferreira@fernandoferreira.com

Fernando é mestrando em Engenharia da Computação pelo Instituto de Pesquisas Tecnológicas da Universidade de São Paulo; é Tecnólogo em Processamento de Dados pela Universidade Presbiteriana Mackenzie; e Bacharel em Administração de Empresas pela UniSant'anna.

Profissional de segurança da informação certificado **CISM (Certified Information Security Manager)**, *CobiT Foundations*, e **CGEIT (Certified in the Governance of Enterprise IT)** pela ISACA – Information Systems Audit and Control Association; **CFE (Certified Fraud Examiner)** pela ACFE – Association of Certified Fraud Examiners; **CITP (Chartered IT Professional)** pela BCS – British Computer Society e **BS 7799 Lead Auditor** pela BSi – British Standard Institution.

Acumula experiência de mais de dez anos no planejamento, execução, coordenação e gerenciamento de diversos projetos nas áreas de segurança da informação, auditoria de sistemas e governança de TI, dentre os quais se destacam a revisão e elaboração de planos de contingência; análises e avaliações de riscos; desenvolvimento e implementação de políticas de segurança; conscientização e treinamento; gestão de incidentes; forense computacional; testes de ataques e invasão; gestão de acessos; estruturação de planos diretores de segurança para curto, médio e longo prazos; gerenciamento de mudanças e desenvolvimento de sistemas; sempre aplicando as melhores práticas internacionais **ISO 27001, ISO 27002 (antiga ISO 17799), CobiT, ITIL, SAS70**, dentre outras.

Atualmente, Fernando é Gerente de Segurança da Informação da *CONSOFT Consultoria*, empresa certificada NBR ISO/IEC 27001:2006, sendo responsável pelo Security Office Corporativo e pela Unidade de Negócios de Consultoria em Segurança da Informação.

Além de escrever artigos para revistas e sites especializados no assunto, Fernando é autor do livro **"Segurança da Informação"**, Editora Ciência Moderna, 2003. Dentre outros assuntos, nesta obra, são apresentadas as melhores metodologias e práticas em segurança da informação, técnicas fundamentais para a elaboração de políticas e de um plano de continuidade para os negócios. Também foi um dos autores do livro **"Novos Conceitos de Auditoria de Sistemas em Bancos"**, publicado pela FEBRABAN, em junho de 2003.

É *sponsor* e mantenedor do portal sobre Auditoria de Sistemas, Segurança da Informação e Governança de TI denominado **FERNANDOFERREIRA.COM** (www.fernandoferreira.com), onde podem ser encontrados os artigos e notícias mais importantes veiculados nos principais jornais e revistas especializados no assunto, assim como, matérias escritas pelos profissionais da área, planos de trabalhos e materiais técnicos.

O Portal funciona como uma bússola de orientação, de fácil navegação e, principalmente, acesso fácil e rápido ao *Sponsor* para troca de informações e conhecimentos. Ele serve a um duplo propósito: referência aos não-iniciados e ferramenta de conscientização e fonte de idéias para os mais experientes.

Foi eleito como um dos 50 profissionais mais influentes na tecnologia de segurança da informação do país, para a 5ª edição do prêmio "A Nata dos Profissionais de Segurança da Informação 2008", e também foi vencedor do Prêmio de Excelência do Profissional de Segurança da Informação, denominado SECMASTER, no evento Security Week 2005, categoria de Melhor Contribuição para o Setor Privado.

Além de escrever artigos para revistas e jornais, criou e ministra as aulas de seu próprio curso denominado "Segurança em Tecnologia da Informação". Maiores informações sobre o conteúdo podem ser encontradas acessando o link http://www.fernandoferreira.com/descritivo_cursos_segti.htm.

MÁRCIO TADEU DE ARAÚJO

marcio@fernandoferreira.com

Bacharel em Administração de Empresas com ênfase em Análise de Sistemas pela FASP, Faculdades Associadas de São Paulo. Profissional especialista em governança de TI, auditoria de sistemas e segurança da informação, além de certificado como **BS 7799 Lead Auditor** pela *BSi – British Standard Institution*.

Márcio escreve artigos para revistas e sites de auditoria de sistemas e segurança da informação (ex: ISSA Brasil). Realizou palestras em universidades, além da abertura de eventos da revista **ComputerWorld** sobre governança de TI.

Atua em tecnologia da informação há mais dez anos, no Brasil e no exterior, com amplo conhecimento em práticas para gerenciamento de riscos, implementação de controles para SOX, desenvolvimento de planos de contingência, políticas de segurança e implementação e revisão de processos de TI, além da participação como membro de comitês de segurança da informação.

Iniciou sua carreira como analista de suporte técnico em empresas parceiras da Microsoft, tendo como principal destaque a High Value. Também foi consultor e auditor em duas das maiores empresas de auditoria, **Deloitte Touche Tohmatsu e KPMG.**

Atualmente é Gerente de Governança de TI da **VIVO**, uma das maiores empresas de telefonia celular do mundo, atuando na gestão de processos e SOX em TI.

Em 2007 e 2008 foi eleito pelo colégio eleitoral da TI Brasil Intelligence como **um dos 50 profissionais mais influentes** em Tecnologia e Segurança da Informação, prêmio denominado como a NATA DOS PROFISSIONAIS DE TECNOLOGIA DE SEGURANÇA DA INFORMAÇÃO.

PREFÁCIO

Alberto Evandro Fávero, CISSP, CISM, CISA
Ex-Presidente e Membro Fundador
do 1º Capítulo da ISSA no Brasil

A Segurança da Informação é uma disciplina relativamente nova em comparação com as outras áreas do conhecimento humano, embora os sistemas de controle de confidencialidade, tais como a cifragem, a criptografia ou a guarda de documentos em cofres, existam desde os primórdios da história. Por exemplo: Júlio César, Imperador Romano, já empregava a cifragem criptográfica em suas mensagens transmitidas em papel por meio de mensageiros; nas grandes guerras, outros sistemas para guarda de segredos, fórmulas e conhecimentos foram desenvolvidos e utilizados.

Com o advento da computação científica e comercial, a partir da década de 1960, surgiram as disciplinas de Análise de Sistemas, Programação de Computadores e Auditoria de Sistemas, que cresceram com a aplicação da ciência dos computadores nos meios acadêmicos, científicos, industriais e comerciais.

Dentre essas disciplinas, deve ser destacada a Auditoria de Sistemas, pois foi pelo seu desenvolvimento que a disciplina de Segurança da Informação começou a ser delineada e sistematizada pelos primeiros profissionais interessados no assunto. Isto se deve ao fato de que a Auditoria de Sistemas nasceu justamente para verificar e certificar se os sistemas computacionais estão de acordo com as premissas para as quais originalmente os mesmos foram criados; se controles suficientes estão incorporados aos códigos para permitir que exista uma confiabilidade mínima e, assim, seja dado um conforto aos usuários e detentores de tal sistema; fazer com que haja uma garantia de manutenção da referida confiabilidade ao longo do tempo de vida do sistema.

Mas foi com a publicação do Livro Laranja pelo Departamento de Defesa Norte Americano (Orange Book by DoD – Department of Defense), na década de 70, que o tema Segurança da Informação ganhou corpo e passou a ser sistematizado. Esse livro organiza e privilegia o princípio da confidencialidade, pois classifica os sistemas de informação (hardware, software e ambientes) em vários níveis de segurança, a saber: A1, B1, B2, B3, C1, C2 e D; partindo-se do nível mais restrito (A – Verified Protection) até o nível mais básico (D – Minimal Protection). Os demais princípios de segurança, tais como, a integridade e a disponibilidade, não são muito enfatizados.

Após o advento do Livro Laranja e com o crescente interesse pelo assunto, principalmente no auge da guerra fria, as empresas que utilizavam os sistemas de computadores nos seus processos de negócio passaram a se preocupar com a proteção adequada das suas informações e sistemas. Um dos pioneiros a apresentar uma definição para a disciplina Segurança da Informação foi o Dr. Harold F. Tipton. Ele escreveu e publicou o manual "Information Security Management Handbook" contendo uma definição baseada nos princípios de confidencialidade, integridade e disponibilidade. Esse manual também dividiu a disciplina em domínios de conhecimento e aplicação para facilitar a categorização de sua amplitude e abrangência com base na realidade dos sistemas de computadores e realidade de uso e manuseio das informações da época.

A partir desse momento, uma série de desdobramentos passou a ocorrer sobre o tema; e cada vez mais a Segurança da Informação foi ganhando importância e aplicação prática nas organizações. Profissionais específicos, com foco nessa disciplina, passaram a ser necessários para o estudo e a aplicação das técnicas de segurança desenvolvidas. Assim, a demanda pelo profissional com essa experiência passou a aumentar cada vez mais. Com isso, associações de profissionais começaram a ser formadas, tais como a ISSA, ISACA e CSI, para reunir os profissionais e proporcionar a padronização e divulgação formalizada de seus conhecimentos. Iniciou-se também um processo de certificação profissional como os que já existiam em outros setores técnicos.

A certificação pioneira do profissional de Segurança da Informação foi o CISSP – Certified Information System Security Professional –, criada pelo instituto (ISC)2 – www.isc2.org. Essa certificação profissional é firmada sobre um corpo comum de conhecimento (CBK – Common Body of Knowledge), compreendendo os quesitos e componentes que formam uma estrutura completa na disciplina de Segurança da Informação.

O corpo de conhecimento exigido para o CISSP é composto por dez domínios, cada qual com uma especialidade da área. O programa de certificação consiste em um teste para comprovar a capacitação do candidato ao título de profissional certificado em Segurança da

Informação. Deve ser obtido um aproveitamento mínimo de 70% para habilitar o candidato a pleitear o CISSP.

Além do teste de conhecimentos, o candidato deve comprovar experiência profissional na área de Segurança da Informação, em pelo menos um dos dez domínios, de no mínimo 5 anos. Depois de cumpridas essas exigências, o profissional obtém o certificado CISSP, que até hoje é o mais reconhecido entre os certificados profissionais no mercado global.

Existem outros certificados tão importantes quanto o CISSP, tais como: o CISM – Certified Information Security Manager -, o CISA – Certified Information System Auditor -, que são mantidos pela ISACA; e os certificados profissionais do SANS Institute, conhecidos como a família GIAC de certificados.

Com a instituição da disciplina segurança da informação e do corpo comum de conhecimento da área, o *CBK*, normas específicas passaram a ser criadas. Entre as normas, a que mais se destacou foi a norma britânica BS7799 – British Standard 7799 –, criada pelo BSi, em 1995. Essa norma, apesar de ser aplicável à Inglaterra, popularizou-se e passou a ser reconhecida internacionalmente. Depois desse destaque, a organização de normas internacionais, a ISO, criou uma norma de Segurança da Informação internacional baseada na norma britânica. A norma internacional foi primeiramente batizada como ISO 17799, e em 2007 foi renomeada como ISO/IEC 27002.

O BSi – British Standards Institute - criou também um processo de certificação em Segurança da Informação para organizações sujeitas a um programa eficaz de Segurança da Informação, objetivando que aplicassem a sua norma adequadamente. Para esse processo de certificação foi criado um documento chamado BS7799 Part II, o qual determina como estruturar um sistema de Segurança da Informação através de um ISMS – Information Security Managment System –, baseado no padrão internacional de qualidade e no modelo PDCA – Plan, Do, Check & Act.

O referido processo de certificação permite às organizações que apliquem a norma BS7799 e implantem formalmente o processo de segurança por ela preconizado. A organização se submete a um processo formal de auditoria para obtenção da certificação BS7799 para um determinado sistema de Segurança da Informação criado e implantado. A ISO também incorporou essa norma na sua família de normas para segurança da informação e a batizou como ISO/IEC 27001.

Importante mencionar que a implantação da Segurança da Informação em uma organização não é uma tarefa fácil ou trivial. Depende da vontade dos seus dirigentes, mas também não se faz somente com vontade. São necessários investimentos e dedicação focada na seara de bem implantar e obter-se aceitação de tal disciplina por todo o corpo de colaboradores da organização.

Como todo controle interno, a Segurança da Informação também onera os processos, pois inclui princípios, regras, padrões, procedimentos, atividades e operações que devem ser observados e seguidos por todos.

A maneira mais correta de se implantar a Segurança da Informação em uma organização é iniciando-se pelo estabelecimento de uma Política de Segurança da Informação que seja referendada pela alta administração da empresa ou organismo e que determine como essa disciplina será regida.

Por meio de sua Política de Segurança da Informação, a alta administração comunica aos participantes da organização a motivação e o formato de adoção dessa disciplina. A Política rege os detalhes que devem ser observados, o que é esperado de cada participante da organização e quais as sanções pela não aplicação ou pelo não seguimento das normas estipuladas na Política.

Ora, na organização política e social de um país, as leis são necessárias e a lei maior é a Constituição. Essa Constituição faz menção e subordina a si as demais leis. Da mesma forma, a Política de Segurança da Informação determina o valor e a importância das informações, bem como a necessidade de observância de certos preceitos para a devida proteção das mesmas. Portanto, são fatores críticos de sucesso para a implantação da disciplina de Segurança da Informação, a formulação e publicação correta de uma Política de Segurança da Informação.

O Security Officer responsável por tal atividade deverá buscar técnicas e conteúdo suficientes para compor a Política de tal maneira que a mesma seja completa sem ser complexa. Ao contrário, deve ser simples o bastante para que todos na organização compreendam o porquê e a forma de conduzir suas atividades do dia-a-dia, alinhadas às práticas seguras e sintonizadas com a proteção das informações da organização.

Este livro, escrito pelos meus amigos Fernando e Márcio, é uma obra que reúne os tópicos necessários a serem observados para criar e publicar uma Política de Segurança da Informação completa e que seja valiosa para a organização, bem como orienta os profissionais de segurança da informação com os tópicos mais atualizados sobre o assunto. Os autores estão se dedicando há anos à profissão de Consultoria e Auditoria em Tecnologia e Segurança da Informação, sendo que em suas vidas profissionais tiveram oportunidade de implantar e avaliar inúmeras instalações e empresas que dependem de uma Política de Segurança da Informação efetiva para evitar intercorrências que prejudiquem o bom andamento dos negócios.

É com base na experiência prática e na excelente bibliografia de referência que essa obra alcança o objetivo de apresentar didaticamente um tema que é atualmente uma das grandes preocupações dos gestores empresariais.

São abordados, de maneira clara e direta, os aspectos gerais da formulação de uma política; as metodologias e textos de apoio, entre eles, as normas BS7799, ISO/IEC 17799 e 27001-2 e o *framework* CobiT; a importância e o modo de se estabelecer um Comitê de Segurança da Informação; os meios de estruturação de um departamento responsável pela disciplina; as técnicas e níveis de classificação das informações; os procedimentos de segurança; enfim, os requisitos mais importantes e que não podem ser olvidados quando do estabelecimento de uma política de sucesso.

Trata-se, portanto, de obra extremamente valiosa para o Security Officer ter como base e como literatura de consulta nos momentos de dúvida ou de tomada de decisão. Espero que ela seja mais um tijolo sólido na construção de organizações modernas com mais governabilidade e níveis de controles que garantam maior tranqüilidade para os seus gestores, acionistas, empregados, fornecedores e clientes; que seja uma evolução na conquista de um universo mais justo e equânime para a humanidade. Finalmente, sem dúvida nenhuma, será muito valiosa no desenvolvimento da carreira dos Oficiais de Segurança da Informação, que buscam literatura de qualidade, escrita por profissionais brasileiros que conhecem a realidade de nossas organizações.

Nessa 2ª edição, revisada, ampliada e atualizada, recebeu importantes capítulos novos que complementam a política de segurança da informação e sua administração.

Boa leitura!

Alberto Evandro Fávero, CISSP, CISM, CISA
Profissional de Tecnologia e Segurança da Informação
Ex-Presidente e Membro Fundador do 1º Capítulo da ISSA no Brasil

Depoimentos

"Uma obra que pela sua clareza e objetividade irá atender as necessidades daqueles que precisam de um guia prático para implementar uma Política de Segurança da Informação. Uma segunda edição prova que o tema acerta no alvo das expectativas dos profissionais da área".

Miguel Nascimento
Consultor de Tecnologia da Informação

* * *

"Este é um livro cuja leitura deve ser obrigatória em todas as organizações interessadas em implementar uma Política de Segurança da Informação. Esta obra preencherá uma lacuna na literatura especializada da segurança da informação no Brasil".

Fábio Furtado Ramos, CISSP, CISM, CIFI
Consultor em Segurança da Informação, Axur Information Security

* * *

"Baseado em padrões aceitos no mercado, este livro descreve os itens que devem ser contemplados no conjunto de políticas de segurança da informação. Você que tem a missão profissional de implantar e manter a proteção do recurso informação será beneficiado com a sua leitura".

Edison Fontes, CISA, CISM
Gerente Senior Prática Segurança Informação da CPM Braxis,
Colunista ITWEB e Autor de livros de segurança da informação

* * *

"Uma obra com abordagem simples e direta, como convêm a um tema tão árido e de difícil assimilação. Fernando e Márcio foram muito felizes em publicar este livro que nos propõem o caminho a seguir, quer para planejar e implementar quer para avaliar e validar um Sistema de Segurança da Informação".

Azussa Oya
Diretor Executivo, Consoft Consultoria e Sistemas Ltda.

* * *

"O mundo evoluiu e em pouco mais de 10 anos: a) a internet comercial foi implantada; b) os meios de comunicação e de armazenamento de dados tiveram, e continuam tendo, uma evolução muito acima das mais otimistas previsões; c) os custos de hardware e software tiveram, e continuam tendo, redução significativa; d) os processo de terceirização se apresentaram como irreversíveis para a sobrevivência das grandes empresas. Por outro lado: a) os problemas e necessidades para a adequada segurança das informações também evoluíram – apareceram hackers e quadrilhas especializadas e internacionais em fraudes eletrônicas; b) a humanidade passou a depender fortemente do gerenciamento adequado das informações residentes nos diversos meios eletrônicos; c) a globalização potencializou os problemas de Segurança da Informação.

O Guia Prático para Elaboração e Implementação da Política de Segurança da Informação, desenvolvido pelo Fernando e pelo Márcio, vem em um bom momento. O livro é um resumo executivo sobre este assunto e indica as melhores práticas para a segurança das informações. Em linguagem simples, sem "tecniquês", cobre as principais preocupações que todos nós devemos ter, tanto na vida profissional (proteção ao patrimônio da empresa) quanto pessoal (proteção do patrimônio individual – civil e criminal).

Indico que seja lido por estatutários, diretores, membros de comitês e outros responsáveis por empresas, uma vez que estes são responsáveis, civil e criminalmente, pelas ações originadas dentro destas empresas. Também a profissionais da área, tanto os funcionários quanto os consultores, como apoio à atualização profissional, e estudantes e iniciantes em assuntos relacionados à Segurança da Informação."

Ivo Cairrão
Consultor em Auditoria e Segurança, iAUDIT Assessoria Empresarial

* * *

"Realmente um guia claro e conciso para as empresas implementarem e estruturarem Políticas de Segurança".

Walmir Freitas CISSP, CISM, CISA, CBCP
CISO, Fidelity Processadora e Serviços S.A.

* * *

"Esta é uma das obras mais completas e atuais. Muito útil tanto para os técnicos como para os gestores da área de segurança. Serve ainda para quem quer se iniciar na área de segurança da informação".

Antonio de Sousa
CEO, BIG FIVE Consulting (B5C)

* * *

"Temos visto de forma crescente que fraudes, espionagem industrial, vazamento de informações, contágio de sistemas por vírus e cavalos-de-Tróia, dentre inúmeros outros problemas relacionados a falhas na segurança dos sistemas de informação, têm trazido intranqüilidade, desconfiança, prejuízos operacionais e financeiros para empresas no mundo todo. Por mais que sejam adotados mecanismos para prover "blindagem" nos sistemas e na infra-estrutura tecnológica de suporte, os problemas continuam acontecendo. O fator humano continua sendo o elo mais fraco da segurança. Por um lado, já se encontra bastante amadurecida a idéia de que todas as empresas precisam de uma Política de Segurança da Informação e é um fato, constatado por inúmeras pesquisas nacionais e internacionais, que uma grande parte das empresas de médio e grande porte têm desenvolvido as suas Políticas. Na prática, o que se constata é que grande parte das Políticas são baseadas no conhecimento e na experiência das pessoas que as elaboram.

Adicionalmente, muitas vezes essas pessoas baseiam-se na norma ISO/IEC 27002 (antiga ISO/IEC 17799), que é o mais completo padrão para o gerenciamento da segurança da informação e que fornece a mais completa orientação para a formulação de Políticas de Segurança. Entretanto, por mais que se saiba O QUE deve constar de uma Política, ainda existe muito pouca literatura orientando sobre COMO elaborar a Política, de forma a torná-la mais abrangente, organizada e mais simples de ser entendida e implementada. E é justamente para suprir esta lacuna que temos este excelente livro, produzido com muita competência por dois profissionais experientes, talentosos, estudiosos e muito respeitados no mercado onde atuam. O livro apresenta as informações em um formato prático, fácil de se entender e bastante direcionado a um rápido aproveitamento por parte de todos aqueles que queiram revisar ou implementar uma Política de Segurança da Informação muito mais consistente, eficiente e eficaz".

Celso H. Leite
Coordenador da Pós-Graduação em Segurança da Informação, IBTA

* * *

"Políticas de Segurança geralmente são construídas a partir das necessidades do negócio e eventualmente aperfeiçoadas pela experiência do gestor. Esta obra tem justamente o objetivo de assistir o profissional de segurança da informação a transformar a tarefa em algo prático e objetivo — com verdadeiro valor corporativo."

Thiago Zaninotti, CISSP, CISM
Consultor em Segurança da Informação

* * *

"Um guia rápido e prático para auxiliar organizações, de todos os tamanhos e setores de atuação, na definição das estratégias e implantação de processos de gestão de segurança de informações. Seu conteúdo foi brilhantemente desenvolvido pelos autores de forma a permitir aos leitores, experientes ou não nas disciplinas de segurança de informações, fácil entendimento sobre os fatores mais relevantes para a salva-guarda de informações críticas ao sucesso das organizações."

André Gargaro, CISA, CISM, PMP, CobiT Foundation
Gerente Sênior, Deloitte Touche Tohmatsu

Sumário

Introdução XXXI

1 Aspectos gerais 35
   1.1 Definição da política de segurança 36
   1.2 Considerações importantes para o desenvolvimento da política 37
   1.3 Etapas para o desenvolvimento de uma política 38
   1.4 Fatores comuns entre todas as políticas 41
   1.5 Pontos críticos para o sucesso 43
   1.6 Características e benefícios 45
   1.7 Treinamento, publicação e divulgação 46

2 Metodologias e melhores práticas em segurança da informação 51
   2.1 NBR ISO/IEC 27002:2005
      (antiga NBR ISO/IEC 17799:2005) 52
      2.1.1 Sistema de gestão em segurança da informação 54
      2.1.2 Estrutura da norma NBR ISO/IEC 27002:2005 55
      2.1.3 Certificação NBR ISO/IEC 27001:2006 56
   2.2 CobiT 57
      2.2.1 Divisão da estrutura 58
      2.2.2 Critérios da informação 62
      2.2.3 Recursos de TI 63
      2.2.4 Visão geral e representação gráfica 64
   2.3 ITIL: Information Technology Infrastructure Library 65
   2.4 Outras práticas 67

3 Atribuição de regras e responsabilidades 69
   3.1 Comitê de segurança da informação 70
   3.2 Proprietário das informações 72
   3.3 Área de segurança da informação 73
   3.4 Usuários das informações 74
   3.5 Recursos humanos 75

4 Classificação das informações 77
   4.1 Definições 79
   4.2 Níveis de classificação 80
   4.3 Armazenamento e descarte da informação classificada 81
   4.4 Publicação de informações na Web 82

4.5 Perda ou roubo de informações 83
4.6 Monitoramento contínuo 83

5 Procedimentos de segurança da informação 85
   5.1 Utilização dos recursos de TI 87
       5.1.1 Disponibilidade dos recursos de tecnologia da informação 87
       5.1.2 Titularidade das informações 88
       5.1.3 Segurança das informações 88
       5.1.4 Sigilo da informação 89
       5.1.5 Autorização para uso dos recursos de tecnologia da informação 90
       5.1.6 Estações de trabalho e servidores 90
       5.1.7 Estações móveis de trabalho 91
       5.1.8 Termo de confidencialidade 91
   5.2 Proteção contra software malicioso 92
       5.2.1 Vírus de computador 92
       5.2.2 Softwares não autorizados 93
   5.3 Procedimentos para acesso à Internet 93
   5.4 Procedimentos para uso de correio eletrônico 96
   5.5 Gerenciamento, controle da rede, monitoração do uso e acesso aos sistemas 96
       5.5.1 Processo de logon 98
       5.5.2 Identificação e autenticação do usuário 98
       5.5.3 O papel das senhas no ambiente informatizado 99
       5.5.4 Parametrizações básicas de senhas nos sistemas aplicativos e redes 101
       5.5.5 Restrições de acesso remoto 102
   5.6 Uso de controles de criptografia 104
       5.6.1 Criptografia 105
       5.6.2 Assinatura digital 107
   5.7 Trilhas de auditoria ou logs de acesso e atividade 107
       5.7.1 Tipos de categorias e informações dos logs 108
       5.7.2 Cuidados especiais ao lidar com logs 110
   5.8 Plano de continuidade 111

5.9 Backup, cópias de segurança e restore 112
    5.9.1 Fatores a considerar 113
    5.9.2 Periodicidade e retenção 114
    5.9.3 Armazenamento 114
    5.9.4 Documentação e rotulação 115
    5.9.5 Testes de restauração 116
5.10 Notificação e gerenciamento de incidentes de segurança 116
    5.10.1 Tipos de incidentes de segurança 117
    5.10.2 Notificações de incidentes 118
    5.10.3 Engenharia social 119
    5.10.4 Forense computacional 121
5.11 Uso de pastas públicas na rede 122
    5.11.1 Procedimentos para monitoração e
    limpeza das pastas 122
5.12 Controle de acesso físico às áreas sensíveis 123
    5.12.1 Acesso de funcionários e terceiros às dependências
    da organização 124
    5.12.2 Monitoração por circuito fechado de TV 124
    5.12.3 Proteção física a centros de processamento
    de dados 124
5.13 Desenvolvimento de sistemas e gerenciamento
de mudanças 127
    5.13.1 Metodologia de desenvolvimento de sistemas 129
    5.13.2 Segregação de funções 131
    5.13.3 Segregação de ambientes 132
    5.13.4 Gerenciamento de mudanças 133
5.14 Segurança na administração, aquisição e uso de
hardware e software 135
    5.14.1 Regras para aquisição, instalação e manuseio de
hardware e software 136
    5.14.2 Gerenciamento de licenças instaladas e adquiridas 136
    5.14.3 Manutenção e testes de hardware e software 137
5.15 Segurança e tratamento de mídias 138
    5.15.1 Descarte, reutilização e formatação de mídias 138
    5.15.2 Transporte de mídias 139
5.16 Divulgação de informações ao público 139

6 Conformidade 141
   6.1 Direitos autorais 142
   6.2 Requisitos legais 142
   6.3 Sarbanes-Oxley, Resolução 3.380 do BACEN e
       Basiléia II 143

7 Penalidades e processos disciplinares 153
   7.1 Procedimentos em casos de violações 155

8 Manutenção da política 159

9 Gerenciamento de riscos em Segurança da Informação 161
   9.1 Metodologia de Suporte 167
       9.1.1 Introdução 168
       9.1.2 Caracterização dos sistemas 169
       9.1.3 Identificação das ameaças 171
       9.1.4 Identificação das vulnerabilidades 173
       9.1.5 Análise dos controles de segurança 175
       9.1.6 Determinação da probabilidade 176
       9.1.7 Análise de impacto 177
       9.1.8 Determinação do risco 178
       9.1.9 Recomendações dos controles de segurança 181
       9.1.10 Documentação dos resultados 181

10 Governança de Segurança da Informação 183

11 Como avaliar e contratar profissionais de Segurança
    da Informação 199

Considerações finais e conclusões 205

Bibliografia 209
   Livros 210
   Melhores práticas 211
   Web sites 212
   Legislações 214
   Fontes do glossário 215

Conteúdo do CD-ROM 217

Glossário 221

Anexos 239
   A Modelo de Questionário para Levantamento dos Processos de Segurança Relacionados ao *Backup* e *Restore* 240
   B Modelo de Questionário para Avaliação de Risco 241
   C Modelo de Relatório de Avaliação de Riscos 243
   D Modelo da Estrutura de Documentação de um Plano de Contingência 246
   E Modelo de Termo de Responsabilidade e Confidencialidade 247
   F Modelo de Questionário para Entendimento e Levantamento das Atividades, Processos e Informações para Classificação da Informação 249
   G Modelo de Questionário para Entendimento dos Procedimentos de Segurança Física 251
   H Decreto Nº 3.505, de 13 de junho de 2000 – Institui a Política de Segurança da Informação nos Órgãos e Entidades da Administração Pública Federal 252
   I Exemplo de Ataque de Engenharia Social por Telefone 258

Introdução

Apresentamos neste livro, de forma simples e funcional, um guia prático para o desenvolvimento e a implementação de uma Política de Segurança da Informação. São abordados assuntos como a classificação das informações, controle de acesso, procedimentos de segurança, segregação de funções, backups, tratamento de incidentes, segurança lógica, física, utilização de Internet, e-mail, legislações e regulamentações internacionais, dentre outros. Esta obra é dirigida aos Security Officers, auditores de sistemas, gestores de TI, executivos generalistas e quaisquer interessados em desvendar o tema.

Mostramos, praticamente, todos os aspectos que são contemplados em uma boa Política de Segurança, assim como, uma solução de excelente qualidade que pode ser implementada utilizando-se o guia aqui apresentado. Entretanto, a garantia de que uma organização possuirá um grau de segurança razoável está diretamente ligado ao nível de conscientização de seus colaboradores, ou seja, a segurança somente será eficaz se todos tiverem pleno conhecimento do que é esperado deles e de suas responsabilidades.

Todos devem saber por que são utilizadas diversas medidas de segurança (como portas sempre trancadas e uso de identificadores pessoais) e as devidas sanções caso sejam violadas.

Vale lembrar que a comunicação é um fator crítico de sucesso para a correta disseminação das políticas corporativas, já que esta provoca alterações no *status quo* de praticamente todos os colaboradores. Conseqüentemente, obriga a mudanças na forma de trabalho e qualquer mudança gera resistência, sendo a comunicação a melhor maneira de reduzir os conflitos inerentes a ela.

O livro está dividido em:

- **Capítulo 1: Aspectos gerais**

    São definidos os conceitos, os principais aspectos e etapas para o desenvolvimento da política. Destacam-se também, neste capítulo, as considerações realizadas quanto ao treinamento, publicação e divulgação.

- **Capítulo 2: Metodologias e melhores práticas em segurança da informação**

    Apresentação das metodologias mais conhecidas e utilizadas pelas organizações em todo o mundo, fundamentais para o desenvolvimento de uma boa Política de Segurança da Informação.

- **Capítulo 3: Atribuição de regras e responsabilidades**

    Destaca que a adequada utilização dos recursos da informação está diretamente relacionada com a formalização do nível de acesso para cada camada funcional da organização.

- **Capítulo 4: Classificação das informações**

    Apresenta importantes instruções que devem ser seguidas e aplicadas a todas as informações produzidas pela organização, sejam elas de custódia temporária ou permanente.

- **Capítulo 5: Procedimentos de segurança da informação**

    Demonstram-se as descrições, passo a passo, dos aspectos que devem ser contemplados para o desenvolvimento dos procedimentos operacionais de segurança da informação.

- **Capítulo 6: Conformidade**

    Controles destinados a atender as leis, normas e requisitos de segurança.

- **Capítulo 7: Penalidades e processos disciplinares**

    Abrangência das punições e responsabilidades dos colaboradores que desrespeitarem as políticas internas.

- **Capítulo 8: Manutenção da política**

    Orientação para o estabelecimento de um processo de revisão periódico e formal.

- **Capítulo 9: Gerenciamento de riscos em segurança da informacão**

    Baseado em melhores práticas internacionais, entenda os conceitos e como efetuar uma análise de riscos.

- **Capítulo 10: Governança de segurança da informação**

  Contribuição de Alberto Fávero, mostra os principais itens que devem ser observados quanto ao "Governo" da Segurança corporativa.

- **Capítulo 11: Como avaliar e contratar profissionais de Segurança da Informação**

  Aspectos fundamentais que devem ser observados na contratação de gestores e consultores.

- **Glossário**

  Descrição dos principais termos utilizados para melhor compreensão do livro.

- **CD-ROM**

  Contém algumas das metodologias e melhores práticas consultadas durante o desenvolvimento desta obra, disponíveis gratuitamente na Internet.

IMPORTANTE

As políticas apresentadas neste livro representam um extrato das Políticas de Segurança que podem ser aplicadas em uma organização, buscando minimizar os riscos de segurança.

Especificamos as mais comuns, as mais utilizadas e aquelas que não podem, em hipótese alguma, deixar de faltar nas boas políticas. Cada organização deve estabelecer quais políticas serão utilizadas tendo como base suas necessidades, requisitos legais, cultura interna e sistemas informatizados.

Alguns dos princípios expostos são genéricos e a sua efetiva aplicação requer um profissional especializado para determinar como eles poderão ser implementados em uma organização.

1
Aspectos Gerais

1.1 Definição da Política de Segurança

Segundo o livro "Writing Information Security Policies" de Scott Barman, publicado pela Editora New Riders nos Estados Unidos (sem tradução no Brasil) a Política de Segurança é composta por um conjunto de regras e padrões sobre o que deve ser feito para assegurar que as informações e serviços importantes para a empresa recebam a proteção conveniente, de modo a garantir a sua confidencialidade, integridade e disponibilidade.

A Política de Segurança define o conjunto de normas, métodos e procedimentos utilizados para a manutenção da segurança da informação, devendo ser formalizada e divulgada a todos os usuários que fazem uso dos ativos de informação.

Deve-se utilizar uma visão metódica, criteriosa e técnica em seu desenvolvimento e elaboração, de forma que possam ser sugeridas alterações na configuração de equipamentos, na escolha de tecnologia, na definição de responsabilidades e, por fim, na elaboração das políticas com o perfil da empresa e dos negócios que ela pratica.

Não podemos esquecer que ela deve expressar os anseios dos proprietários ou acionistas, que são responsáveis por decidir os destinos de todos os recursos da organização em relação ao uso da informação por todos aqueles que têm acesso a este bem.

Possuindo um papel imprescindível para a determinação de normas e diretrizes, após sua implementação, evidenciam-se os seguintes aspectos:

- Estabelecimento do conceito de que as informações são um ativo importante da organização;
- Envolvimento da Alta Administração com relação à Segurança da Informação;
- Responsabilidade formal dos colaboradores da empresa sobre a salvaguarda dos recursos da informação, definindo o conceito de irrevogabilidade;
- Estabelecimento de padrões para a manutenção da Segurança da Informação.

1.2 Considerações importantes para o desenvolvimento da política

A política, preferencialmente, deve ser criada antes da ocorrência de problemas com a segurança, ou depois, para evitar reincidências. Ela é uma ferramenta tanto para prevenir problemas legais como para documentar a aderência ao processo de controle de qualidade.

Deve-se definir claramente o seu escopo, já que ela pode abranger alguns dos serviços e áreas da organização. O entendimento daquilo que precisa ser protegido está além do simples hardware e software que compõem os sistemas, abrangendo, também, as pessoas e os processos de negócio. Deve-se considerar o hardware, software, dados e documentação, identificando de quem estes elementos necessitam ser protegidos. Nesta análise, aspectos sobre a segurança dos dados, backup, propriedade intelectual e respostas a incidentes devem ser levados em consideração.

Recomendamos a formação de um Comitê de Segurança da Informação, constituído por profissionais de diversos departamentos, como, por exemplo, informática, jurídico, auditoria, engenharia, infra-estrutura, recursos humanos e outros que forem necessários. O Comitê deve catalogar todas as informações da organização e agrupá-las por categorias. Cada uma dessas categorias deverá ter um proprietário que será responsável pelo controle de acesso, manuseio e segurança em geral. Nesta obra, explicamos com maiores detalhes suas regras e responsabilidades.

Ressaltamos que as políticas, normas e procedimentos de segurança da informação devem ser:

- Simples;

- Compreensíveis (escritas de maneira clara e concisa);

- Homologadas e assinadas pela Alta Administração;

- Estruturadas de forma a permitir a sua implantação por fases;

- Alinhadas com as estratégias de negócio da empresa, padrões e procedimentos já existentes;

- Orientadas aos riscos (qualquer medida de proteção das informações deve direcionar para os riscos da empresa);

- Flexíveis (moldáveis aos novos requerimentos de tecnologia e negócio);

- Protetores dos ativos de informações, priorizando os de maior valor e de maior importância;

- Positivas e não apenas concentradas em ações proibitivas ou punitivas.

1.3 Etapas para o desenvolvimento de uma política

O desenvolvimento e a implementação das políticas, normas e procedimentos de segurança da informação podem ser divididos nas 4 fases apresentadas a seguir:

FASES	DESCRIÇÃO
Fase I	Levantamento de Informações
1.1	Obtenção dos padrões, normas e procedimentos de segurança já existentes para análise.
1.2	Entendimento das necessidades e uso dos recursos da tecnologia da informação (sistemas, equipamentos e dados) nos processos de negócios.
1.3	Obtenção de informações sobre os ambientes de negócios: • Processos de negócios; • Tendências de mercado; • Controles e áreas de risco.
1.4	Obtenção de informações sobre o ambiente tecnológico: • Workflow entre ambientes; • Redes de aplicações; • Plataformas computacionais.

Figura 1 – Fase 1 do desenvolvimento de uma Política

Nesta primeira fase, recomendamos o uso dos modelos de questionários utilizados para o *Levantamento de Informações,* descritos nos anexos deste livro.

FASES	DESCRIÇÃO
Fase II	**Desenvolvimento do Conteúdo da Política e Normas de Segurança**
2.1	Gerenciamento da política de segurança: • Definição da segurança da informação; • Objetivo do gerenciamento; • Fatores críticos de sucesso; • Gerenciamento da versão e manutenção da política; • Referência para outras políticas, padrões e procedimentos.
2.2.	Atribuição de regras e responsabilidades: • Comitê de segurança da informação; • Proprietário das informações; • Área de Segurança da Informação; • Usuários de informações; • Recursos humanos; • Auditoria interna.
2.3	Critérios para classificação das informações: • Introdução; • Classificando a informação; • Níveis de classificação; • Reclassificação; • Armazenamento e descarte; • Armazenamento e saídas.
2.4	Procedimentos de segurança de informações: • Classificação e tratamento da informação; • Notificação e gerenciamento de incidentes de segurança da informação; • Processo disciplinar; • Aquisição e uso de hardware e software; • Proteção contra software malicioso; • Segurança e tratamento de mídias; • Uso de Internet; • Uso de correio eletrônico; • Utilização dos recursos de TI; • Backup; • Manutenção de teste e equipamentos; • Coleta e registro de falhas; • Gerenciamento e controle da rede; • Monitoração do uso e acesso aos sistemas; • Uso de controles de criptografia e gerenciamento de chaves; • Controle de mudanças operacionais; • Inventário dos ativos de informação; • Controle de acesso físico às áreas sensíveis; • Segurança física; • Supervisão de visitantes e prestadores de serviço.

Figura 2 – Fase 2 do desenvolvimento de uma Política

FASES	DESCRIÇÃO
Fase III	**Elaboração dos Procedimentos de Segurança da Informação**
3.1	Pesquisas sobre as melhores práticas em segurança da informação utilizadas no mercado.
3.2	Desenvolvimento de procedimentos e padrões, para discussão com a Alta Administração, de acordo com as melhores práticas de mercado e com as necessidades e metas da organização.
3.3	Formalização dos procedimentos para integrá-los às políticas corporativas.

Figura 3 – Fase 3 do desenvolvimento de uma Política

FASES	DESCRIÇÃO
Fase IV	**Revisão, Aprovação e Implantação das Políticas, Normas e Procedimentos de Segurança da Informação**
4.1	Revisão e aprovação das políticas, normas e procedimentos de segurança da informação.
4.2	Efetiva implantação das políticas, normas e procedimentos de segurança da informação por meio das seguintes iniciativas: • Atuação junto à área responsável pela comunicação, ou área correspondente, na orientação para a preparação do material promocional, de divulgação e de consulta; • Divulgação das responsabilidades dos colaboradores, bem como da importância das políticas, normas e procedimentos de segurança da informação; • Realização de palestras executivas referentes às políticas, normas e procedimentos de segurança da informação desenvolvidas, tendo por público-alvo a Presidência, Diretorias e Gerências; • Realização de palestras referentes às políticas, normas e procedimentos de segurança, tendo por público-alvo outros colaboradores da organização.

Figura 4 – Fase 4 do desenvolvimento de uma Política

CRONOGRAMA SUGERIDO

Atividades	Semanas							
	1	2	3	4	5	6	7	8
Fase 1 Levantamento de informações								
Fase 2 Desenvolvimento do conteúdo da política e normas de segurança								
Fase 3 Elaboração dos procedimentos de segurança da informação								
Fase 4 Revisão, aprovação e implantação das políticas de segurança da informação e palestras.								

Figura 5 – Fase 5 Cronograma sugerido para o desenvolvimento de uma Política

1.4 Fatores comuns entre todas as políticas

Todas as políticas bem elaboradas, geralmente, possuem os mesmos conceitos. Algumas são mais severas e outras mais sutis. Independentemente deste tipo de característica, quase todas contemplam os seguintes aspectos:

Especificação da política

Esta é a parte mais importante de todo o documento. Deve ser breve, utilizar palavras simples e formalizar o que é esperado dos funcionários da organização. Deve fornecer aos leitores informações suficientes para saber se os procedimentos descritos na política são aplicáveis a eles ou não. Deve descrever sua finalidade específica, por exemplo, se é orientada a pessoas, departamentos, equipamentos, etc.

Declaração da Alta Administração

Um dos itens mais importantes é o nome do executivo principal da organização, atestando sua divulgação e exigindo sua utilização. Conseqüentemente, demonstra aos colaboradores que este executivo está de acordo com as políticas expostas no documento, bem como mostra seu comprometimento para que elas sejam adequadamente cumpridas.

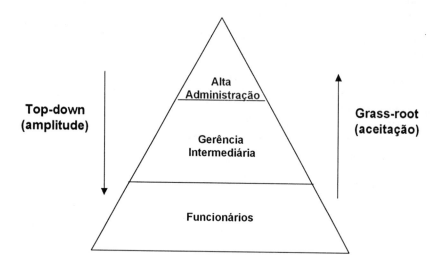

Figura 6 – Estratégia para aceitação da política.

Autores / patrocinadores da política

Os nomes dos profissionais, ou equipes, que desenvolveram as políticas devem estar especificados no documento para que qualquer dúvida de interpretação ou sugestões de mudanças possam ser diretamente enviadas aos autores.

Referências a outras políticas, normas e procedimentos

Em muitas organizações é comum que as políticas em vigor façam referência a outros regulamentos internos já existentes ou em desenvolvimento. Devem ser incluídas referências na documentação que possam apoiar a política, por exemplo, os procedimentos de segurança e operacionais mais detalhados de sistemas específicos e regras de segurança.

Procedimentos para Requisição de Exceções à Política

Mais importante do que preparar e divulgar a política, também é o processo para a requisição de exceções a ela. É importante não descrever sob quais condições as exceções serão concedidas, apenas os procedimentos de solicitação.

Procedimentos para Mudanças da Política

Muitas organizações não atualizam suas políticas. Atualmente, devido à alta rotatividade de profissionais nas empresas, as políticas devem especificar responsáveis, em nível hierárquico e/ou especialização técnica, para seu controle e atualização. Algumas situações podem requerer somente revisões técnicas, mas outras necessitarão de justificativas detalhadas para solicitar mudanças nas políticas (ex.: demonstrar quais métodos e procedimentos já não são aplicáveis à realidade da organização).

Datas de Publicação, Validade e Revisão

A política deve possuir a assinatura do principal executivo aprovando-a, a data da última atualização e do início de sua vigência. Estas informações são importantes, pois ajudam a controlar suas revisões e atualizações periódicas.

1.5 Pontos Críticos para o Sucesso

O assunto Segurança da Informação tornou-se um dos temas mais importantes dentro das organizações, devido às fortes necessidades de proteção das informações e grande dependência de TI.

Sendo assim, citamos alguns itens de muita importância para o sucesso da Política de Segurança:

- Formalização dos processos e instruções de trabalho;
- Utilização de tecnologias capazes de prover segurança;
- Atribuição formal das responsabilidades e das respectivas penalidades;
- Classificação das informações;
- Treinamento e conscientização constantes.

Recomendamos estabelecer na política corporativa um capítulo destinado ao detalhamento e à explicação dos seguintes conceitos:

- **Confidencialidade**: garantia de que a informação é acessível somente por pessoas autorizadas a terem acesso;
- **Integridade:** salvaguarda da exatidão da informação e dos métodos de processamento;
- **Disponibilidade:** garantia de que os usuários autorizados obtenham acesso à informação e aos ativos correspondentes sempre que necessário;
- **Legalidade:** o uso da informação deve estar de acordo com as leis aplicáveis, regulamentos, licenças e contratos;
- **Auditabilidade:** o acesso e o uso da informação devem ser registrados, possibilitando a identificação de quem fez o acesso e o que foi feito com a informação;
- **Não repúdio:** o usuário que gerou ou alterou a informação (arquivo ou e-mail) não pode negar o fato, pois existem mecanismos que garantem sua autoria.

Em adição, a segurança pode ser desmembrada em 4 grandes aspectos:

- **Segurança computacional:** conceitos e técnicas utilizados para proteger o ambiente informatizado contra eventos inesperados que possam causar qualquer prejuízo;

- **Segurança lógica:** prevenção contra acesso não autorizado;

- **Segurança física:** procedimentos e recursos para prevenir acesso não autorizado, dano e interferência nas informações e instalações físicas da organização;

- **Continuidade de negócios:** estrutura de procedimentos para reduzir, a um nível aceitável, o risco de interrupção ocasionada por desastres ou falhas por meio da combinação de ações de prevenção e recuperação.

1.6 Características e benefícios

Para que a política seja efetiva, ela deve ter algumas características, tais como:

a) Ser verdadeira: Exprimir o pensamento da empresa e ser coerente com as ações da organização. Deve ser possível o seu cumprimento.

b) Ser complementada com a disponibilidade de recursos: Uma ação concreta de que a política é levada a sério pela direção é a liberação de recursos financeiros e de pessoal para que as diretrizes descritas possam ser implementadas ao longo do tempo.

c) Ser válida para todos: Deve ser cumprida por todos os usuários que utilizam a informação da organização. Ela é válida desde o presidente até o estagiário recém-contratado.

d) Ser simples: Deve ser de fácil leitura e compreensão. Deve ser escrita em linguagem simples e direta, evitando-se termos técnicos de difícil entendimento.

e) Comprometimento da alta administração da organização: Deve ser assinada pelo mais alto executivo, explicitando assim, o seu total apoio à política.

Principais Benefícios Alcançados

Curto prazo

- Formalização e documentação dos procedimentos de segurança adotados pela organização
- Implementação de novos procedimentos e controles
- Prevenção de acessos não autorizados, danos ou interferência no andamento dos negócios, mesmo nos casos de falhas ou desastres
- Maior segurança nos processos do negócio

Médio prazo

- Padronização dos procedimentos de segurança incorporados na rotina da empresa
- Adaptação segura de novos processos do negócio
- Qualificação e quantificação dos sistemas de resposta a incidentes
- Conformidade com padrões de segurança, como a NBR ISO/IEC 27002 (antiga NBR ISO/IEC 17799)

Longo prazo

- Retorno sobre o investimento realizado, por meio da redução dos problemas e incidentes de segurança da informação
- Consolidação da imagem corporativa associada à Segurança da Informação

1.7 Treinamento, publicação e divulgação

A Política de Segurança não é um manual técnico nem um manual de procedimentos. Ela deve definir as regras estruturais (como por exemplo, um código de ética) e os controles básicos para o acesso e uso da informação. Deve ser escrita de forma clara, para que todos possam entendê-la. Para que a cultura da empresa seja mudada em relação à segurança da informação é fundamental que os funcionários estejam preparados para o assunto por meio de:

- Avisos (comunicação interna, e-mail, intranet) sobre o esclarecimento dos principais pontos, pertinentes às responsabilidades;
- Palestras de conscientização / sensibilização;
- Elaboração de material promocional (cartazes e guia rápido de consulta);
- Treinamento direcionado (aspectos de segurança intrínsecos às áreas comercial, financeiro e etc.);
- Peça teatral (com exemplos sobre o assunto).

Ao investir na conscientização e sensibilização, a empresa terá mais chance de obter êxito no seu processo de implementação da Política de Segurança da Informação.

De acordo com a norma NBR ISO/IEC 27002 (antiga NBR ISO/IEC 17799), *"deve-se garantir que os usuários estejam cientes das ameaças e das preocupações de segurança da informação e estejam equipados para apoiar a política de segurança da organização durante a execução normal do seu trabalho"*.

Todos os funcionários da organização, terceiros e prestadores de serviços devem receber treinamento apropriado e atualizações regulares sobre as políticas corporativas. Isso inclui requisitos de segurança, responsabilidades legais e controles do negócio, bem como treinamento sobre o uso correto dos recursos de Tecnologia da Informação como, por exemplo, procedimentos de acesso lógico (redes, sistemas aplicativos, e-mail, Internet) e físico (crachá, salas, andares e ambientes restritos).

Existem vários aspectos que devem ser considerados na disseminação da Política de Segurança, por exemplo:

- Utilização de diferentes tipos de mídias (aulas presenciais, páginas web, intranet, documentação, apostilas, jornais internos e vídeos);
- Diferenciação dos tipos de treinamentos, por exemplo, básico e avançado;
- Orientação para os novos funcionários (processo de integração);
- Informativos sobre as atuais tendências dos incidentes de segurança.

Mesmo existindo diversas tecnologias destinadas à proteção dos ativos de informação, **o elemento humano é, sem dúvida, fundamental** para que a Política de Segurança seja implementada de forma eficaz. Os funcionários que não participam dos programas de treinamento e conscientização, tornam-se os elos fracos na corrente da segurança, colocando em risco todo o investimento realizado.

Para um programa de conscientização ser eficaz é necessário realizar seu planejamento, implementação, manutenção e avaliação periódicos. Este programa geralmente engloba as seguintes fases:

a) *Identificação do escopo, metas e objetivos:* o escopo deve contemplar o treinamento de todos os profissionais que, de alguma forma, interagem com sistemas e informações preciosas para a organização;

b) *Identificação dos instrutores:* é muito importante que o treinamento seja ministrado por profissionais que dominem os princípios e técnicas de segurança;

c) *Identificação do público-alvo:* nem todos necessitam do mesmo nível ou tipo de treinamento. Deve-se identificar e segregar os grupos de profissionais, apresentar somente os conceitos necessários para obter um melhor resultado. Veja na figura a seguir, o exemplo da Matriz de Treinamentos que pode ser utilizada nos diferentes níveis hierárquicos da organização.

d) *Motivação dos funcionários e da Alta Administração:* é muito importante obter apoio dos funcionários e da Alta Administração. Deve-se demonstrar com casos práticos como a participação ativa desses profissionais pode beneficiar a organização.

e) **Administração do programa:** utilizar as mais diversas formas para ministrar este treinamento como, por exemplo, métodos específicos de didática, materiais que serão distribuídos e técnicas de apresentação.

f) **Continuidade do programa:** deve-se dar atenção adequada às mudanças tecnológicas e de segurança da informação. Um programa de treinamento que atenda às necessidades de uma organização hoje pode tornar-se ineficaz quando houver mudanças no ambiente tecnológico ou na utilização de novos sistemas aplicativos.

g) **Avaliação do programa:** a avaliação dos funcionários após a realização do treinamento é uma excelente opção para verificar se os conceitos apresentados foram adequadamente compreendidos. As avaliações, ao final de cada ciclo de palestras, de todos os profissionais, auxiliam na obtenção da média corporativa do nível de conscientização e no direcionamento do reforço necessário.

MATRIZ DE TREINAMENTO

Área de Treinamento / Categoria	Noções Básicas de Segurança	Gestão e Planejamento: Segurança da Informação	Políticas e Procedimentos de Segurança	Planos de Contingência	Gestão e Gerenciamento de Mudanças
Executivos					
Diretores de Informática					
Auditoria e Security Officer					
Gerentes de Desenvolvimento de Sistemas					
Usuários Finais					

NÍVEL / TIPO DO TREINAMENTO

	Conscientização		Política		Implementação		Execução

Em suma, é responsabilidade da Alta Administração assegurar que todos os usuários dos sistemas de informação saibam como proteger os ativos da organização (informações, hardware, software, etc.) e estejam de acordo com as Políticas de Segurança desenvolvidas a partir deste guia prático.

2
Metodologias e Melhores Práticas em Segurança da Informação

Atualmente, existem algumas metodologias e melhores práticas em segurança da informação e governança para o ambiente de tecnologia que são reconhecidas mundialmente e largamente utilizadas como, por exemplo, a NBR ISO/IEC 27002:2005 (antiga NBR ISO/IEC 17799) e o *CobiT*.

Esta necessidade deve-se à busca por padrões de mercado e à dificuldade das áreas de TI em manterem seus próprios modelos e estruturas de controle, uma vez que as evoluções tecnológicas criam constantes necessidades de atualizações desses modelos. Nas próximas seções deste capítulo, comentaremos algumas das principais metodologias e melhores práticas em segurança da informação e governança de TI existentes.

2.1 NBR ISO/IEC 27002:2005 (ANTIGA NBR ISO/IEC 17799:2005)

O BSi (British Standard Institute) criou a norma BS 7799, considerada o mais completo padrão para o gerenciamento da Segurança da Informação no mundo. Com ela, era possível implementar um sistema de gestão de segurança baseado em controles definidos por normas e práticas internacionais.

Em dezembro de 2000, a Parte 1 da BS 7799 tornou-se norma oficial da ISO sob o código ISO/IEC 17799. Em agosto do ano seguinte, o Brasil adotou essa norma ISO como seu padrão, por meio da ABNT, sob o código NBR ISO/IEC 17799. A norma ISO é rigorosamente idêntica à norma BS 7799. A norma brasileira é a tradução literal da norma ISO.

Em junho de 2005, foi publicada a nova versão da Parte 1 da ISO/IEC 17799. Ela foi totalmente revisada com a inclusão de novos capítulos. Dentre eles, destacam-se o tratamento e o gerenciamento de riscos, e a gestão de incidentes de segurança. Com ênfase na prevenção, a norma é de fácil compreensão e implementação, contendo um número substancial de objetivos de controles, sendo alguns de razoável complexidade.

De forma a reunir diversas normas de segurança da informação, a ISO criou a série 27000. A norma NBR ISO/IEC 27001:2006 é a norma BS7799-2:2002 revisada e aprimorada, abrangendo o ciclo PDCA *(Plan-Do-Check-Act)* e a visão de processos que as normas de sistemas de gestão já possuem.

Um breve histórico da evolução das normas:

- 1995: publicada a primeira versão da BS 7799-1;
- 1998: publicada a primeira versão da BS 7799-2;
- 1999: publicada a revisão da BS 7799-1;
- 2000: publicada a primeira versão da norma ISO/IEC 17799;
- 2001: publicada a primeira versão da norma no Brasil, NBR ISO/IEC 17799;
- 2002: publicada revisão da norma BS 7799 parte 2;
- 2005: Agosto: publicada a segunda versão da norma no Brasil, NBR ISO/IEC 17799;

    Outubro: publicada a norma ISO 27001.
- 2006: Publicada a norma no Brasil, NBR ISO/IEC 27001;
- 2007: Julho: alterado apenas o nome da norma NBR ISO/IEC 17799 para NBR ISO/IEC 27002.

A partir dos trabalhos de revisão surgiu a diferença mais notória entre as versões da norma: a quantidade de controles subiu de 127 para 133, remanejados em 39 objetivos de controle, três a mais que a versão anterior (36).

As antigas 10 seções (de 3 a 12) foram remodeladas em 11 (de 5 a 15). Na versão 2005, as seções mais modificadas foram: Organizando a segurança da informação (6), Segurança em recursos humanos (8) e Monitoramento (10) - que receberam uma nova categoria -, Gestão de ativos (7) e Segurança física e do ambiente (9).

Houve ainda a criação de duas seções: uma é sobre a Gestão de incidentes de segurança da informação (13), agregando controles oriundos das antigas seções Segurança em pessoas (6), Gerenciamento das operações e comunicações (8) e Conformidade (12). A outra seção trata especificamente da Análise/avaliação e tratamento de riscos (4), processo fundamental para a gestão da segurança da informação.

Caro leitor, com estes esclarecimentos, deste ponto em diante, passaremos a adotar na leitura do livro as denominações atuais NBR ISO/IEC 27001 e NBR ISO/IEC 27002.

2.1.1 SISTEMA DE GESTÃO EM SEGURANÇA DA INFORMAÇÃO

O Sistema de Gestão em Segurança da Informação, ou *Information Security Management System (ISMS)*, é o resultado da aplicação planejada de objetivos, diretrizes, políticas, procedimentos, modelos e outras medidas administrativas que, de forma conjunta, definem como são reduzidos os riscos para a segurança da informação. Uma instituição que implanta a norma, acaba por constituir um ISMS. Ele considera, basicamente:

- Os ativos que estão sendo protegidos;
- O gerenciamento de riscos; e
- Os objetivos de controles e controles implementados.

O ISMS pode ser construído de acordo com as seguintes etapas:

CAPÍTULO 2 – METODOLOGIAS E MELHORES PRÁTICAS EM SEGURANÇA DA INFORMAÇÃO | 55

Fase I – Plan	Fase II – Do	Fase III – Check	Fase IV – Act
• Estruturação do SGSI • Plano Diretor de Segurança • Diagnóstico de Segurança • Avaliação, Tratamento dos Riscos e Seleção dos Controles de Segurança • Declaração de Aplicabilidade (Statement of Applicability)	• Comitê de Segurança da Informação • Política de Segurança • Classificação da Informação • Plano de Continuidade dos Negócios e de TI • Treinamento e Conscientização • Implementação dos Controles Especificados na Declaração de Aplicabilidade	• Monitoração dos Controles de Segurança • Gestão de Incidentes • Revisão do nível de risco residual • Auditoria Interna do SGSI	• Implementação de melhorias • Ações Corretivas e Preventivas • Comunicação das Ações e Resultados para Alta Administração e Partes Interessadas • Assegurar que as Melhorias foram Implementadas e Atenderam as Expectativas

Figura 8 – Ciclo PDCA, implementação de um Sistema de Gestão de Segurança da Informação

2.1.2 ESTRUTURA DA NORMA NBR ISO/IEC 27002:2005

A norma está distribuída da seguinte forma:

1. Escopo

2. Termos e definições

3. Estrutura da norma

4. Avaliação e tratamento dos riscos

5. Política de segurança da informação

6. Organizando a segurança da informação

7. Gestão de ativos

8. Segurança em Recursos humanos

9. Segurança física e do ambiente

10. Gestão das operações e comunicações

11. Controle de acesso

12. Desenvolvimento e manutenção de sistemas

13. Gestão de incidentes

14. Gestão da continuidade dos negócios

15. Conformidade

2.1.3 Certificação NBR ISO/IEC 27001:2006

Atualmente, existem no Brasil empresas com equipes de auditores e consultores com amplo conhecimento da norma e certificados como *BS 7799 Lead Auditor* e *ISO 27001 Lead Auditor*. Esses profissionais preparam as empresas para a certificação e acompanham o trabalho dos auditores durante o processo. Por motivos éticos, a empresa que presta consultoria no processo de preparação não efetua a auditoria de certificação.

Diversas empresas no mundo já foram certificadas na norma NBR ISO/IEC 27001:2006, como bancos, empresas de telecomunicações, indústrias, prestadores de serviços, consultorias e organizações governamentais. São empresas que optaram pela certificação por vários motivos e benefícios que variam desde a redução de prêmios de seguro, até uma estratégia de marketing utilizando a certificação como diferencial competitivo e como demonstração pública do compromisso da empresa com a segurança das informações de seus clientes. O certificado é um atestado público de capacidade.

O processo de certificação, resumidamente, está dividido em:

- Revisão da documentação do ISMS de acordo com as normas NBR ISO/IEC 27001:2006 e NBR ISO/IEC 27002:2005;

- Visita inicial para a obtenção de informações antes da auditoria, e determinação do escopo;

- Auditoria de Certificação que consiste na realização de entrevistas e análise do ISMS em operação;

- Emissão do Certificado, desde que o ambiente esteja em conformidade com a norma;

- Auditoria anual, para certificar que o ISMS continua operando satisfatoriamente.

Vale ressaltar que a renovação do certificado deve ser efetuada a cada três anos e exige-se que seja realizada uma nova Auditoria de Certificação.

O custo da certificação depende de vários fatores, tal como quanto tempo o responsável pela certificação levará para se convencer sobre a conformidade das instalações da organização com relação à norma, ao tamanho e à complexidade da empresa e de seus sistemas.

2.2 CobiT

O CobiT *(Control Objectives for Information and Related Technology)*, elaborado pelo ISACA *(Information Systems Audit and Control Association)*, é um modelo de estrutura de controles internos orientado para o entendimento e o gerenciamento dos riscos associados ao uso da Tecnologia da Informação.

Sua estrutura de controles possui padrões aceitos mundialmente como os melhores praticados para o estabelecimento de controles e padrões de segurança para a área de Tecnologia da Informação das empresas dos mais variados segmentos de negócio, principalmente, do setor financeiro. O CobiT, segundo o site da ISACA, foi adotado pelo *Federal Reserve* (EUA) como fonte de referência para a revisão dos sistemas de informação do sistema bancário norte-americano, demonstrando claramente a sua abrangência.

2.2.1 Divisão da estrutura

O CobiT está dividido em 4 domínios, nos quais 34 processos estabelecem os objetivos de controle necessários para a manutenção de uma estrutura de controles internos que possibilitem à organização atingir seus objetivos de negócio de maneira confiável (do ponto de vista de TI). Os quatro domínios são:

- Planejamento e Organização (Plan and Organise);
- Aquisição e Implementação (Acquire and Implement);
- Entrega e Suporte (Delivery e Support);
- Monitoração e Avaliação (Monitor and Evaluate).

Figura 9
Domínios do CobiT
Fonte: ISACA

O que contempla cada um deles?

Planejamento e Organização (PO)

Este domínio abrange a estratégia e táticas, preocupando-se com a identificação da maneira pela qual TI pode contribuir para atingir os objetivos do negócio. Não obstante, a visão estratégia precisa ser planejada, comunicada e gerenciada para diferentes perspectivas. Resumidamente, este domínio endereça as seguintes questões:

- TI está alinhada a estratégia do negócio?
- A organização está utilizando seus recursos de maneira otimizada?
- Todos os colaboradores da organização entendem os objetivos de TI?
- Os riscos de TI são compreendidos e gerenciados?
- Os sistemas de TI são apropriados às necessidades do negócio?

Os processos de TI deste domínio são:

PO1 Define a Strategic IT Plan

PO2 Define the Information Architecture

PO3 Determine Technological Direction

PO4 Define the IT Processes, Organisation and Relationships

PO5 Manage IT Investment

PO6 Communicate Management Aims and Direction

PO7 Manage IT Human Resources

PO8 Manage Quality

PO9 Assess and Manage IT Risks

PO10 Manage Projects

Aquisição e Implementação (AI)

Mudanças em um sistema aplicativo existente são cobertas por este domínio para garantir que a solução continue a atender os objetivos de negócio. Resumidamente, este domínio endereça as seguintes questões:

- Os novos projetos irão entregar soluções para as necessidades do negócio, assim como, serão entregues no prazo e no orçamento?
- Os novos sistemas trabalharão corretamente depois de implementados?
- As mudanças serão feitas sem afetar as operações de negócios?

Os processos de TI deste domínio são:

AI1 Identify Automated Solutions

AI2 Acquire and Mantain Application Software

AI3 Acquire and Mantain Technology Infrastructure

AI4   Enable Operation and Use

AI5   Procure IT Resources

AI6   Manage Changes

AI7   Install and Accredit Solutions and Changes

Entrega e Suporte (DS)

Este domínio se preocupa com a entrega dos serviços solicitados, incluindo o *Service Delivery*, a gestão da segurança da informação e continuidade, o suporte aos usuários, e o gerenciamento dos dados e das instalações. Resumidamente, este domínio endereça as seguintes questões:

- Os serviços de TI estão sendo entregues de maneira alinhada as prioridades do negócio?

- Os custos de TI estão otimizados?

- A equipe está preparada para utilizar os sistemas informatizados de maneira produtiva e segura?

- A confidencialidade, integridade e disponibilidade são adequadas?

Os processos de TI deste domínio são:

DS1   Define and Manage Services Levels

DS2   Manage Third-party Services

DS3   Manage Performance and Capability

DS4   Ensure Continuous Service

DS5   Ensure Systems Security

DS6   Identify and Allocate Costs

DS7   Educate and Train Users

DS8 Manage Service Desk and Incidents

DS9 Manage the Configuration

DS10 Manage problems

DS11 Manage Data

DS12 Manage the Physical Environment

DS13 Manage Operations

Monitoração e Avaliação (ME)

Os processos de TI precisam ser auditados regularmente, em sua qualidade e adequação, com os requerimentos de controle. Este domínio abrange a gestão de performance, monitoração de controles internos, conformidade regulatória. Resumidamente, este domínio endereça as seguintes questões:

- A performance de TI é medida para detectar problemas antes que seja tarde demais?

- A gestão garante que os controles internos são efetivos e eficientes?

- A performance de TI pode ser relacionada aos objetivos de negócio?

- Riscos, controles, desempenho e conformidade são medidos e reportados?

Os processos de TI deste domínio são:

ME1 Monitor and Evaluate IT Performance

ME2 Monitor and Evaluate Internal Control

ME3 Ensure Regulatory Compliance

ME4 Provide IT Governance

2.2.2 Critérios da informação

Para satisfazer os objetivos do negócio, a informação precisa estar conforme certos critérios aos quais o CobiT faz referência como "Requerimentos do Negócio para a Informação".

Figura 10 – Critérios da informação
Fonte: ISACA

Segue a definição de cada critério utilizado:

- *Efetividade (eficácia)*: Relevância da informação e pertinência aos processos de negócio de forma correta, precisa, consistente e em formato adequado para a utilização;

- *Eficiência*: Refere-se à provisão da informação por meio da melhor (mais produtiva e econômica) forma de utilização dos recursos;

- *Confidencialidade*: Refere-se à proteção de informação considerada privilegiada contra divulgação não autorizada;

- *Integridade*: Relaciona-se à precisão e à manutenção da integridade da informação, bem como sua validade de acordo com os padrões estabelecidos e expectativas de negócio;

- *Disponibilidade*: Relaciona-se à disponibilidade da informação no momento em que for requerida pelos processos do negócio, o que inclui também a salvaguarda dos recursos;

- *Conformidade*: Lida com o atendimento e a conformidade com as leis, regulamentos e cláusulas contratuais aos quais os processos de negócio estarão sujeitos (foco no atendimento às regulamentações externas);

- **Confiabilidade:** Relaciona-se ao fornecimento, por parte dos sistemas, de informações apropriadas para a tomada de decisões, como relatórios financeiros precisos e informações adequadas aos órgãos legais sobre o cumprimento das leis.

2.2.3 Recursos de TI

Para suportar os processos de TI e a qualidade da informação, a estrutura CobiT considera os seguintes recursos de tecnologia da informação na avaliação:

- **Aplicações:** São os sistemas automatizados do usuário e procedimentos manuais que processam a informação;

- **Informação:** É o dado em todas as suas formas de entrada, processamento e saída pelos sistemas de informação, seja qual for a maneira a ser utilizada pelo negócio;

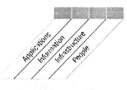

Figura 11 – Recurso de TI
Fonte: ISACA

- **Infraestrutura:** É a tecnologia (hardware, sistemas operacionais, sistemas de gerenciamento de bancos de dados, rede, multimídia, etc., e o ambiente que os suporta) que possibilitam o processamento das aplicações;

- **Pessoas:** Necessárias para planejar, organizar, adquirir, implementar, entregar, suportar, monitorar e avaliar a informação, sistemas e serviços. Podem ser internos, terceirizados ou contratados sob demanda.

2.2.4 Visão geral e representação gráfica

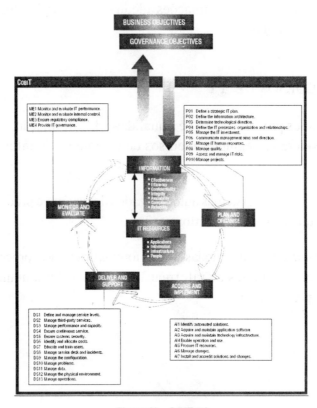

Figura 12 – CobiT 4.0
Fonte: ISACA

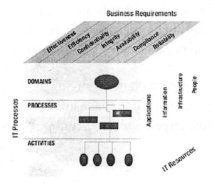

Figura 13 – CobiT 4.0
Fonte: ISACA

2.3 ITIL: Information Technology Infrastructure Library

Como já dissemos, as organizações estão cada vez mais dependentes de Tecnologia da Informação para satisfazer e auxiliar no cumprimento dos objetivos de negócio. Esta dependência constante e crescente necessita fortemente de qualidade dos serviços de Tecnologia alinhado com as exigências do negócio.

O avanço da tecnologia significou que, atualmente, os negócios são totalmente dependentes da TI. É essencial que as áreas de TI reconheçam que isto significa que a qualidade, a quantidade e a disponibilidade da infra-estrutura afetam diretamente a qualidade, a quantidade e a disponibilidade que o negócio pode oferecer.

A ITIL (ou Biblioteca para Infra-estrutura de serviços de TI, na língua portuguesa) foi inicialmente desenvolvida no Reino Unido, com o envolvimento de inúmeras organizações industriais e governamentais.

A filosofia ITIL adota uma estratégia orientada a processos para atender qualquer tipo de organização. Ela considera o Gerenciamento de Serviços em TI como um conjunto de processos estreitamente relacionados e altamente integrados. Para atingir os objetivos chaves do Gerenciamento de Serviços em TI, devem ser utilizadas: as pessoas, processos e tecnologias.

Desta forma, as organizações poderão estar seguras da entrega de serviços de TI inovadores e de alta qualidade, alinhados com os processos de negócio.

Um grande número de países adotou a ITIL como um padrão para o Gerenciamento de Serviços. Pode-se ousar dizer que a ITIL é o padrão mundial no Gerenciamento de Serviços.

A ITIL era uma série de cerca de 60 livros que foram desenvolvidos no final da década de 80, como um conjunto de melhores práticas para TI. Atualmente, ela é considerada mais do que um conjunto de livros, pois se tornou amplamente aceita para operação dos negócios de TI.

Desde o início, a ITIL foi disponibilizada sem restrições, ou seja, qualquer organização pode utilizar a estrutura descrita nos livros. Por este motivo, a ITIL tem sido utilizada por uma grande quantidade de organizações, como os órgãos públicos e entidades privadas (manufatura, instituições financeiras e etc.).

A biblioteca contempla os seguintes assuntos:

- Gerenciamento da Configuração;

- Central de Serviços;

- Gerenciamento de Incidentes;

- Gerenciamento de Problemas;

- Gerenciamento de Mudanças;

- Gerenciamento de Liberações;

- Gerenciamento da Capacidade;

- Gerenciamento da Disponibilidade;

- Gerenciamento da Continuidade dos Serviços de TI;

- Gerenciamento Financeiro para Serviços de TI;

- Gerenciamento do Nível de Serviço;

- Gerenciamento da Infra-estrutura;

- Gerenciamento de Aplicações.

Os processos da ITIL podem ser utilizados como base para alcançar conformidade com as normas BS 15000 (British Standard for IT Service Management) e ISO/IEC 20000.

2.4 Outras Práticas

Adicionalmente às melhores práticas citadas temos ainda:

- SSE-CMM Systems Security Engineering - Capability Maturity Model 3.0;

- GAISP version 3.0;

- The Standard of Good Practice for Information Security;

- ISO/IEC 13335 Information Technology - Guidelines for the Management of IT Security;

- ISO/TR 13569:1997 Banking and Related Financial Services - Information Security Guidelines;

- Security Management;

- NIST Special Publication *(800 Series)*:
    - NIST 800-12 An Introduction to Computer Security;
    - NIST 800-14 Generally Accepted Principles and Practices for Securing Information Technology Systems;
    - NIST 800-16 Information Technology Security Training Requirements;
    - NIST 800-18 Guide for Developing Security Plans for Information Technology Systems;
    - NIST 800-30 Risk Management Guide for Information Technology Systems;
    - NIST 800-31 Intrusion Detection Systems;
    - NIST 800-34 Contingency Planning Guide for Information Technology Systems;
    - NIST 800-36 Guide to Selecting Information Technology Security Products;
    - NIST 800-40 Procedures for Handling Security Patches;

- NIST 800-45 Guidelines on Eletronic Mail Security;

- NIST 800-47 Security Guide for Interconnecting Information Technology Systems;

- NIST 800-48 Wireless Network Security;

- NIST 800-50 Building an Information Technology Security Awareness and Training Program;

- NIST 800-53 Recommended Security Controls for Federal Information Systems;

- NIST 800-61 Computer Security Incident Handling Guide;

- NIST 800-64 Security Considerations in the Information System Development Life Cycle;

- NIST 800-70 Security Configuration Checklists Program for IT Products;

- NIST 800-78 Cryptographic Algorithms and Key Sizes for Personal Identity Verification;

- NIST 800-92 Guide to Computer Security Log Management;

- Dentre outros;

- OCTAVE® Criteria Version 2.0 Networked Systems Survivability Program;

- Guidelines for the Security of Information Systems and Networks and Associated Implementation Plan;

- Manager's Guide to Information Security;

- PCI DSS – Payment Card Industry Data Security Standard.

3
Atribuição de Regras e Responsabilidades

A responsabilidade pela preservação da segurança da informação e dos recursos que as produzem é de toda a organização. As políticas devem especificar as regras e as responsabilidades.

Sendo assim, a adequada utilização dos recursos da informação está diretamente relacionada com a atribuição de regras e responsabilidades para todas as áreas, a saber:

- Comitê de Segurança da Informação;
- Proprietário das Informações;
- Área de Segurança da Informação;
- Usuário das Informações;
- Recursos Humanos;
- Dentre outras.

No decorrer deste capítulo, detalharemos quais são as regras definidas e utilizadas na maior parte dos programas de classificação para cada camada funcional da organização.

3.1 Comitê de segurança da informação

A função deste comitê deve ser de divulgar e estabelecer os procedimentos de segurança, assim como se reunir periodicamente, ou a qualquer momento conforme requerido pelas circunstâncias, com o objetivo de manter a segurança em todas as áreas da organização.

A reunião de gestores com visões do mesmo objeto, mas de pontos diferentes, é fundamental para a obtenção real dos problemas, desafios e conseqüências. Dessa forma, envolver representantes das áreas de Tecnologia, Comercial, Jurídica, Negócio, Financeira, Auditoria, entre outras, trará muitos benefícios para a gestão da segurança da informação.

As responsabilidades do comitê incluem, mas não estão limitadas a:

- Aprovação das políticas, normas e procedimentos de segurança da informação;

- Designação, definição ou alteração das responsabilidades da área de Segurança da Informação;

- Aprovação de novos controles de segurança para a melhoria contínua das medidas de proteção;

- Apoio à implantação de soluções para a minimização dos riscos;

- Suporte às iniciativas da área de Segurança da Informação;

- Deliberar sobre temas ou ações não definidos / incluídos em nenhuma norma já publicada.

O comitê deve ser composto por integrantes, com ou sem prazo fixo de mandato, nomeados pela Alta Administração. As deliberações do comitê devem ser tomadas pela maioria dos membros que o compõe e a função de integrante do comitê ser indelegável.

Devem ser preparadas atas documentando o conteúdo das reuniões, que devem ser revisadas e aprovadas pelos integrantes do comitê e distribuídas aos demais participantes.

A política necessita especificar que, ao final dos semestres, ou em outro momento determinado pela organização, deve-se elaborar o documento denominado "Relatório do Comitê de Segurança" a ser enviado para Alta Administração, contendo, entre outros aspectos, as seguintes informações:

- Descrição das atividades exercidas durante o período;

- Avaliação da efetividade do sistema de controles de segurança, com ênfase nos regulamentos, códigos internos e cumprimento das leis em vigor;

- Análise dos resultados parciais e finais das ações de forma a medir efeitos, comparando-os às metas definidas e realizando os devidos ajustes;

- Descrição das deficiências detectadas, bem como das recomendações apresentadas à diretoria, com a indicação daquelas não acatadas e respectivas justificativas.

3.2 Proprietário das informações

O proprietário das informações é o responsável pela autorização do acesso às informações, considerando as políticas vigentes dentro da organização. Suas responsabilidades e necessidades de conhecimento incluem, mas não estão limitadas a:

- Domínio sobre as informações geradas em sua área de negócio e atuação;

- Identificar e classificar as informações conforme critérios definidos pela política vigente na organização;

- Periodicamente revisar as informações classificadas;

- Garantir que os usuários entendam e sigam os procedimentos de segurança;

- Autorizar e revisar os acessos à informação.

Identificação dos proprietários

Com as classificações, regras e responsabilidades definidas, devemos identificar os proprietários das informações. Estes profissionais devem ser das unidades de negócio da organização, pois é ela que será afetada caso as informações tornem-se públicas ou sejam corrompidas / perdidas. Os seguintes critérios devem ser observados para a identificação deste responsável:

- Obrigatoriamente deve ser a pessoa de negócio;

- O suporte dos altos executivos é um fator de sucesso;

- Para algumas funções de negócio, deve ser considerada a participação de mais de um executivo.

A identificação por etapas destes profissionais será mais bem conduzida ao invés de se tentar identificá-los todos de uma vez. A equipe formada e designada para desenvolver as regras e responsabilidades deve também desenvolver o plano inicial. Primeiramente, os dados críticos ou mais importantes para a organização devem ser identificados. É mais fácil identificar proprietários para esses tipos de informações. Outros proprietários poderão ser definidos posteriormente.

3.3 Área de Segurança da Informação

A função básica da área de Segurança da Informação é proteger o ativo de informação, minimizando os riscos a níveis aceitáveis. Em algumas organizações, esta área também é responsável pela elaboração do plano de continuidade do negócio.

A implementação de controles por meio de processos para a proteção das informações é uma das formas de prover segurança aos sistemas de informação.

Suas responsabilidades incluem, mas não estão limitadas a:

- Fazer cumprir a Política de Segurança da Informação;

- Definir, implementar e revisar os controles;

- Identificar os riscos inerentes e residuais da segurança;

- Definir perfis e recursos para a realização das trilhas de auditoria;

- Definir os critérios e procedimentos para a realização da classificação da informação, protegendo as mais críticas;

- Avaliar os procedimentos de segurança reportando seus resultados e discutindo com os envolvidos as melhorias necessárias;

- Definir a estrutura de segurança a ser cumprida pelas áreas;

- Definir as soluções de segurança antes da implementação e durante sua manutenção;

- Elaborar programas de treinamentos visando a capacitação dos proprietários e usuários da informação;

- Desenvolver, implementar e manter planos de continuidade que visem garantir as operações em casos de desastres e indisponibilidade dos sistemas de informação;

- Prover e administrar salvaguardas físicas contra acessos não autorizados, protegendo contra eventuais prejuízos no negócio;

- Monitorar o uso da web e de mensagens de correio eletrônico.

3.4 Usuários das informações

O usuário das informações é qualquer indivíduo com acesso às informações da organização, seja um funcionário ou um contratado, com atividades internas ou em seu próprio escritório. Suas responsabilidades incluem, mas não estão limitadas a:

- Entender e seguir a política assegurando que os procedimentos de segurança sejam respeitados e cumpridos;

- Cumprir as regras de segurança determinadas pelas políticas vigentes na organização;

- Utilizar as informações apenas para os propósitos do negócio;
- Informar imediatamente ao canal de comunicação disponível qualquer violação/incidente de segurança.

3.5 Recursos humanos

Esta área deve estabelecer as sanções e penalidades a serem aplicadas nas situações em que a política for desrespeitada.

Também é responsabilidade do RH comunicar à área de Tecnologia da Informação, a ausência ou desligamento de funcionários. Deve haver um procedimento formal de comunicação, de forma que não exponha a organização a riscos desnecessários de uso não autorizado de contas de usuários.

A área de Recursos Humanos deve auxiliar na obtenção da assinatura dos Termos de Responsabilidade de Segurança da Informação (veja modelo do termo nos anexos).

Tal documento deve formalizar o conhecimento e a concordância do funcionário sobre as políticas estabelecidas para o uso adequado da informação e também das penalidades da organização e da lei.

4
Classificação das Informações

A classificação da informação é o processo de estabelecer o grau de importância das informações mediante seu impacto no negócio, ou seja, quanto mais estratégica e decisiva para a manutenção ou sucesso da organização, maior será sua importância. A classificação deve ser realizada a todo instante, em qualquer meio de armazenamento.

Existem regras que devem ser consideradas durante a classificação e a principal delas é a determinação de proprietários para todas as informações, sendo este o responsável por auxiliar na escolha do meio de proteção.

Nos casos onde houver um conjunto de informações armazenadas em um mesmo local, e elas possuírem diferentes níveis, deve-se adotar o critério de classificar todo o local com o mais alto nível de classificação.

As informações armazenadas em qualquer local devem estar de acordo com os critérios de classificação e devem possuir uma identificação que facilite o reconhecimento do seu grau de sigilo.

Como exemplificado na figura a seguir, a organização pode utilizar um inventário dos ativos de informação:

NATUREZA DO ATIVO	ATIVOS DE INFORMAÇÃO
Informação	• Banco de dados e arquivos magnéticos • Documentação de sistemas e manual do usuário • Material de treinamento • Procedimentos operacionais de recuperação • Planos de continuidade
Documentos em papel	• Contratos • Documentação da empresa • Relatórios confidenciais
Software	• Aplicativos • Sistemas operacionais • Ferramentas de desenvolvimento • Utilitários do sistema

NATUREZA DO ATIVO	ATIVOS DE INFORMAÇÃO
Físico	• Servidores, desktops e notebooks • Impressoras e copiadoras • Equipamentos de comunicação (fax, roteadores) • Mídias magnéticas • Gerador, no-break e ar-condicionado • Móveis, prédios e salas
Pessoa	• Empregados, estagiários, terceiros e fornecedores
Serviço ou atividade	• Computação (aplicação de patches, backup) • Comunicação (ligações telefônicas, videoconferências) • Utilidades gerais

Figura 14 – Inventário dos ativos de informação

RECLASSIFICAÇÃO DA INFORMAÇÃO

Toda informação classificada, quando passar por alteração de conteúdo, deve ser submetida a novo processo de classificação, com o objetivo de rever o nível mais adequado.

4.1 DEFINIÇÕES

Para iniciar o processo de classificação é necessário conhecer o negócio da organização, compreender os processos e atividades realizadas e, a partir deste momento, iniciar as respectivas classificações.

É de extrema importância estabelecer no início do processo algumas definições:

a) **Classificação:** atividade pela qual se atribuirá o grau de sigilo às informações, seja em meios magnéticos, impressos e etc.;

b) **Proprietário:** profissional de uma determinada área responsável pelos ativos de informação da organização;

c) **Custodiante:** profissional responsável por assegurar que as informações estão de acordo com o estabelecido pelo proprietário da informação;

d) **Criptografia:** codificação que permite proteger documentos contra acessos e/ou alterações indevidas;

e) **Perfil de acesso:** definição dos direitos de acesso às informações, transações, em meios magnéticos ou impressos de acordo com a necessidade de uso de cada usuário.

4.2 Níveis de classificação

Uma vez que os critérios de classificação estejam adequadamente definidos e implementados, deve-se determinar a classificação que será utilizada e os controles de segurança adequados. Fatores especiais, incluindo exigências legais, devem ser considerados no momento de estabelecer a classificação.

Muitas classificações não são aconselhadas, pois poderão gerar confusões para os proprietários das informações e/ou encontrar algum tipo de resistência para sua implementação. A equipe não deve permitir que as áreas do negócio utilizem classificações diferentes daquelas especificadas nas políticas da organização.

Cada classificação deve ser de fácil compreensão e claramente descrita para demonstrar a diferenciação entre cada uma delas, devendo-se evitar níveis excessivos de classificação. Salientamos que três níveis podem ser suficientes para uma boa prática de classificação da informação, a saber:

Classe 1: Informação pública

São aquelas que não necessitam de sigilo algum, podendo ter livre acesso para os colaboradores. Não há necessidade de investimentos em recursos de proteção. São informações que, se forem divulgadas fora da organização, não trarão impactos para os negócios.

Exemplos: testes de sistemas ou serviços sem dados confidenciais; brochuras / folders da organização; as demonstrações financeiras de uma organização após serem publicadas em um jornal tornam-se públicas, no entanto, enquanto estão na contabilidade da organização são confidenciais.

Classe 2: Informação interna

O acesso externo às informações deve ser evitado. Entretanto, se esses dados tornarem-se públicos, as conseqüências não serão críticas. A integridade dos dados é vital.

Exemplos: agendas de telefones e ramais; os benefícios que a organização oferece aos seus empregados podem ser classificados para uso interno, pois não faz sentido divulgar essas informações para outras organizações, no entanto, é de livre acesso para todos os seus empregados.

Classe 3: Informação confidencial

As informações desta classe devem ser confidenciais dentro da organização e protegidas do acesso externo. Se alguns desses dados forem acessados por pessoas não autorizadas, as operações da organização poderão ser comprometidas, causando perdas financeiras e de competitividade. A integridade dos dados é vital.

Exemplos: salários, dados pessoais, dados de clientes, estratégias de mercado e senhas.

4.3 Armazenamento e descarte da informação classificada

Qualquer informação deve ser tratada de acordo com seu impacto no negócio. Os recursos e investimentos realizados para a proteção devem estar condicionados a esse fator. Os processos de armazenamento e descarte de uma informação devem ser desenvolvidos para atender as necessidades de confidencialidade da informação.

Informações públicas

- **Armazenamento:** Devem ser armazenadas com a utilização de recursos considerando o menor investimento, sem a preocupação com confidencialidade.

- **Descarte:** Pode-se proceder de forma simples, sem o uso de recursos e procedimentos.

Informações internas

- **Armazenamento:** As informações com tal classificação devem ser armazenadas de acordo com a necessidade, em áreas de acesso reservado.

- **Descarte:** Tais informações devem ser descartadas utilizando-se recursos e procedimentos específicos. As informações confidenciais devem servir de base para o desenvolvimento do processo e aquisição dos recursos.

Informações confidenciais

- **Armazenamento:** Os locais onde as informações estão armazenadas devem possuir acessos controlados, havendo uma concessão formal e por meio de procedimento que envolva o proprietário da informação.

- **Descarte:** O descarte deve ser efetuado por meio de procedimentos e ferramentas que destruam a informação por completo.

4.4 Publicação de informações na Web

As informações somente devem ser divulgadas externamente quando devidamente autorizadas. A divulgação na Internet ou Extranet é destinada somente para as informações públicas.

4.5 Perda ou roubo de informações

Na ocorrência de perda efetiva ou suspeita da quebra da confidencialidade da informação, por quaisquer motivos, deve-se comunicar formalmente a área responsável sobre o ocorrido.

As investigações devem ser realizadas por meio de práticas previamente estabelecidas e obrigatoriamente já divulgadas por todos os profissionais através de uma política formalmente aceita e pela assinatura do Termo de Confidencialidade.

4.6 Monitoramento contínuo

Após a classificação das informações, deve-se elaborar e implementar procedimentos para o monitoramento contínuo. A área de Segurança da Informação, junto com os proprietários da informação, deve periodicamente revisar as informações classificadas para assegurar que elas estejam adequadamente classificadas.

Adicionalmente, os privilégios e direitos de acesso dos usuários também devem ser revisados para assegurar que estejam de acordo com as necessidades de cada usuário.

5
Procedimentos de Segurança da Informação

A Política de Segurança deve capacitar a organização com instrumentos jurídicos, normativos e processuais. Esses instrumentos devem abranger as estruturas físicas, tecnológicas e administrativas, de forma a garantir a confidencialidade, integridade e disponibilidade das informações corporativas.

Desta forma, com o propósito de fornecer orientação e apoio às ações de gestão da segurança, a política possui uma função fundamental e assume uma grande abrangência, podendo ser subdividida em três blocos:

- **Diretrizes:** possuem papel estratégico e devem expressar a importância que a organização dá aos ativos de informação, além de comunicar aos funcionários seus valores;

- **Normas:** segundo nível da política que detalha situações, ambientes, processos específicos e fornece orientação para o uso adequado das informações;

- **Procedimentos:** está presente na política em maior quantidade por seu perfil operacional. Descrição detalhada sobre como atingir os resultados esperados.

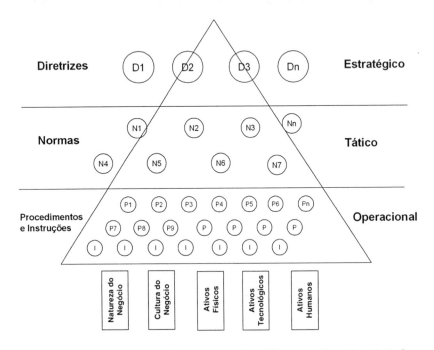

Figura 15 - Diagrama do conceito dos componentes da política e seus pilares de sustentação.

Neste capítulo, mostramos a descrição passo a passo dos principais aspectos e assuntos que devem ser contemplados para o desenvolvimento dos procedimentos operacionais de segurança da informação.

5.1 Utilização dos recursos de TI

A utilização de recursos tecnológicos pelos colaboradores deve ocorrer apenas no desempenho das **atividades diretamente relacionadas aos negócios da organização**.

As políticas da organização não devem admitir o uso dos recursos para a discriminação ou provocação em razão do sexo, raça, cor, religião, nacionalidade, idade, porte de deficiência física, condição de saúde, estado civil ou qualquer outra condição prevista em lei. Adicionalmente, em nenhuma hipótese, os colaboradores poderão utilizar meios tecnológicos para transmitir, receber ou armazenar qualquer informação que seja discriminatória, difamatória ou provocativa (material pornográfico, mensagens racistas, piadas, desenhos etc.).

Sobre a violação de direitos autorais, os colaboradores não podem utilizar recursos tecnológicos da empresa para copiar, obter ou distribuir material protegido por direito autoral.

5.1.1 Disponibilidade dos recursos de tecnologia da informação

A organização deve somente disponibilizar recursos tecnológicos aos colaboradores (funcionários ou terceiros) autorizados de modo a auxiliá-los no desempenho de suas funções e na execução dos trabalhos.

A política deve ressaltar que cada colaborador é responsável por usar os recursos tecnológicos disponíveis de forma a aumentar sua produtividade e contribuir para os resultados e a imagem pública da organização.

Os colaboradores devem ser responsáveis pela guarda, zelo e bom uso dos recursos tecnológicos disponibilizados, conforme as instruções do fabricante e da Política de Segurança.

Ao desrespeitar a política da organização, no que diz respeito ao uso de seus recursos tecnológicos, o colaborador deve estar sujeito a medidas disciplinares.

5.1.2 Titularidade das informações

A política deve assegurar que a organização detém todos os direitos, independentemente de seu conteúdo, sobre todos os dados e informações armazenados nos componentes do sistema de computação, bem como sobre as mensagens, dados e informações enviadas e recebidas no sistema de correio eletrônico e correio de voz.

Portanto, a política deve contemplar aspectos onde se reserva o direito de acessar, a seu critério, aleatoriamente e a qualquer momento, todos os seus meios tecnológicos, incluindo computadores, sistema de correio eletrônico, Internet e de correio de voz.

Tal situação deve estar suportada por um termo devidamente assinado pelo usuário.

5.1.3 Segurança das informações

Conforme atribuídas as responsabilidades, o usuário dos recursos tecnológicos é responsável pela segurança das informações da organização que estão sob sua responsabilidade.

A política deve ressaltar que determinados recursos tecnológicos da empresa podem ser acessados apenas mediante o fornecimento de uma senha válida, ou seja, as senhas são utilizadas para prevenir acessos não autorizados à informação e não conferem ao colaborador nenhum direito de privacidade.

Os colaboradores devem manter suas **senhas como informação confidencial**. Não deve ser permitido compartilhá-las, nem acessar sistemas de outros colaboradores sem autorização expressa, conforme a hierarquia interna de responsabilidade para autorizações e aprovações. Nesses casos, somente o diretor ou o gerente (responsável pelo funcionário), que tenha autorizado formalmente a quebra do sigilo de um colaborador, pode acessar essas informações, de modo a garantir o sigilo das demais informações.

Por medida de segurança, nenhum computador poderá utilizar conexões discadas para acesso à Internet ou outros serviços de informação quando conectados à rede da organização. Para isto, deve-se requerer, formalmente, exceção a política.

Os colaboradores que tentarem burlar ou desabilitar os dispositivos de segurança, que asseguram a integridade dos recursos tecnológicos da organização, devem estar sujeitos a ações disciplinares.

5.1.4 Sigilo da informação

A questão da proteção de segredos do negócio e outros tipos de informação confidencial, ou de titularidade tanto da organização quanto de seus parceiros de negócio, deve ser tratada com extrema relevância.

Não deve ser autorizada a transmissão de informação confidencial por meios eletrônicos para destinatários fora dos domínios da organização. Deve-se definir claramente para os colaboradores quais dados, assuntos etc. são confidenciais e merecem tratamento especial.

A transmissão de informações classificadas como "confidenciais" dentro da rede da organização requer aprovação do diretor ou do gerente responsável. Sempre que possível, a área de Segurança da Informação deve providenciar para seus usuários meios eletronicamente seguros para a transmissão e o arquivamento das informações e dados classificados como "confidenciais".

As políticas devem considerar que "meio eletronicamente seguro" é a transmissão de dados criptografados através de uma rede privada de dados (ex.: *VPN - virtual private network*). Neste caso, em nenhuma hipótese o código de acesso (ou chave do código) poderá ser transmitido junto com os dados confidenciais.

5.1.5 Autorização para uso dos recursos de tecnologia da informação

O acesso aos recursos tecnológicos deve ser concedido exclusivamente com base em critérios estabelecidos pela organização.

Como regra geral, o acesso deve ser concedido levando em conta a função desempenhada pelo colaborador. As autorizações e aprovações necessárias para o cumprimento dos procedimentos e instruções de trabalho devem ser fornecidas conforme a hierarquia de responsabilidades exemplificadas a seguir:

- **Diretor:** poderá efetuar autorizações e aprovações necessárias para os diretores e gerentes sob sua subordinação direta;

- **Gerente:** poderá efetuar autorizações e aprovações necessárias para os gerentes, chefes, encarregados e demais colaboradores sob sua subordinação direta.

5.1.6 Estações de trabalho e servidores

As estações de trabalho e servidores são essenciais para a realização de qualquer atividade. As políticas devem especificar que **os equipamentos e recursos tecnológicos são de propriedade e uso restrito da organização**. Devem estar em local seguro, ter acesso restrito e protegido contra desastres com um nível de segurança proporcional à importância do bem e das informações neles contidas.

Padronização das estações de trabalho e dos servidores

A organização deve classificar as estações e os servidores identificando a finalidade de cada equipamento. Conseqüentemente, ele deve estar configurado com *software* e *hardware* compatíveis. Por exemplo, as estações com número de patrimônio de 1234 até 1299 são da área de compras, portanto, não precisam possuir os sistemas aplicativos da área de contabilidade ou de recursos humanos, e também não fazem uso do software gerador de arquivos do tipo PDF *(Portable Document File)*, ou demais softwares não formalmente autorizados.

Formas de proteção

Nos casos em que o usuário se ausentar de seu local de trabalho, recomendamos que ele ative a proteção de tela/bloqueio do teclado. Se por algum motivo o usuário não o fizer, como forma de proteção adicional, as estações de trabalho devem ser configuradas para o bloqueio automático após um período de inatividade.

Como forma de proteger a entrada e, principalmente, a saída de informação da organização, os *drives* de disquete, gravadores de CDs e dispositivos USB devem ter seu uso controlado e autorizado formalmente.

5.1.7 Estações móveis de trabalho

Além das recomendações de segurança citadas para as estações de trabalho, ressaltamos que, estações móveis de trabalho (notebooks/laptops/PDA's) devem possuir recursos de segurança que impeçam o acesso não autorizado às informações.

5.1.8 Termo de confidencialidade

De forma a obter o comprometimento dos colaboradores com as normas, padrões e procedimentos internos da organização, recomenda-se, após a leitura da Política de Segurança, que eles assinem um termo declarando estarem cientes de todo o conteúdo deste importante documento corporativo.

Nos anexos especificar os um modelo de Termo de Confidencialidade e Responsabilidade.

5.2 Proteção contra software malicioso

5.2.1 Vírus de computador

É um dos principais problemas de segurança da informação. Como descrito no glossário desta obra, vírus é um programa ou código que se duplica. O vírus pode não fazer nada a não ser propagar-se e deixar o programa infectado funcionar normalmente. Contudo, depois de se propagar silenciosamente por um período, ele pode exibir mensagens ou pregar peças.

Se um antivírus não possuir uma lista de assinaturas completa, pode ser que ele vasculhe um arquivo contaminado, mas por não "conhecer" o vírus, deixe-o ileso.

A forma como cada programa atualiza essa lista varia de acordo com o fabricante. Esse processo é feito on-line e a verificação de novas listas pode ser programada para uma determinada periodicidade.

O uso de software "pirata" está diretamente associado à propagação de vírus em ambientes informatizados.

Devido aos riscos aqui expostos, recomendamos que as políticas possuam, pelo menos, os seguintes procedimentos de:

- Uso obrigatório de software antivírus em todos os equipamentos;
- Atualização periódica da lista de vírus e da versão do produto;
- Verificação de todo arquivo recebido anexado em e-mail, ou download, pelo software de antivírus;
- Disponibilização de treinamento adequado que oriente a utilização do software de antivírus para os usuários.

5.2.2 SOFTWARES NÃO AUTORIZADOS

Uma publicação americana observou que *"usuários sempre serão usuários. Ainda que a organização ofereça uma máquina rápida, repleta de memória, certamente ele tentará instalar seus próprios programas"*. E, por isso, *"impedir que usuários acrescentem software não autorizado em seus computadores de mesa ou notebooks se tornou uma preocupação comum entre os gestores de TI e de Segurança da Informação"*.

Deve-se ressaltar na política, para os usuários, que todos os programas de computador (software) em uso na organização possuem licença de uso oficial e são homologados, sendo proibida a instalação de software de propriedade da organização além da quantidade de licenças adquiridas ou em equipamentos de terceiros.

5.3 PROCEDIMENTOS PARA ACESSO À INTERNET

Embora o acesso à Internet seja praticamente indispensável no local de trabalho, ele pode resultar em grande perda de produtividade. Na política, devem-se definir regras para proteger os negócios da organização.

O procedimento de uso da Internet deve ser concebido visando padronizar o uso desse recurso, principalmente, aqueles que tratam da proteção da propriedade intelectual, privacidade das informações e mau uso dos recursos da organização, assédio sexual, racismo, segurança da informação e confidencialidade dos dados da organização e de seus clientes.

A Política de Segurança deve especificar que a organização possui os direitos de autoria sobre quaisquer materiais criados internamente por qualquer colaborador.

As páginas da Internet contêm programas que geralmente são inocentes e algumas vezes úteis. Entretanto, existem sites de conteúdo duvidoso e até mesmo malicioso. Ao navegar na Web, é possível identificar o computador na Internet, dizer quais páginas foram acessadas, usar *cookies* para saber o perfil do usuário e instalar programas espiões *(spyware)* em computadores, sem o conhecimento do usuário.

Além das atividades maliciosas, os negócios podem ser colocados em uma posição vulnerável por colaboradores que se envolvem em atividades ilegais e indesejáveis na *Web* durante o expediente.

Embora a conexão direta e permanente da rede da organização com a Internet ofereça um grande potencial de benefícios, abre a porta para riscos significativos para os dados e sistemas da organização se não existir uma rígida disciplina de segurança. Qualquer usuário interno da Internet é responsável e pode ser responsabilizado por brechas que intencionalmente afetem a segurança ou a confidencialidade dos dados internos. Não é aconselhado instalar uma conexão permanente sem regras *(Firewall)*. A organização pode e deve zelar para que isso não aconteça.

Todas as tentativas de conexão devem ser registradas. Os seguintes registros de acesso são o mínimo que a organização deve manter para fins de auditoria e controle:

- Identidade do usuário;
- Data, hora e tempo de permanência das conexões;
- Endereços IP e URL's acessadas (bloqueadas ou liberadas);
- Protocolos utilizados;
- Quantidade de dados sendo transmitidos e/ou recebidos.

Os usuários que possuem acesso à Internet devem receber treinamento adequado para a explicação das políticas da organização e de suas responsabilidades. **Ressaltamos que eles não devem utilizar esse recurso enquanto não passarem pelo treinamento.**

Abrangência dos procedimentos de utilização dos recursos da Internet

O procedimento de uso da Internet deve ser submetido à análise do Departamento Jurídico, contemplando os seguintes aspectos:

- Se os funcionários terão permissão para navegar na Web para uso pessoal, assim como, para fins comerciais;

- Se os funcionários poderão usar a Internet para fins particulares e em quais períodos (durante o almoço, depois do expediente, etc.);

- Se e como a organização efetuará a monitoração do uso da Internet e a qual o nível de privacidade os funcionários estão sujeitos;

- Acessos não permitidos, determinando os tipos de sites que serão inaceitáveis, como:

    - Download de conteúdo ofensivo ou preconceituoso;

    - Atitude ameaçadora ou violenta;

    - Atividades ilegais;

    - Solicitações comerciais (não relacionadas ao trabalho);

    - Outros aspectos que a organização julgar necessários.

Dicas para uma navegação segura

De forma a promover uma navegação segura, as seguintes recomendações devem ser detalhadas:

- Visitar somente sites confiáveis;

- Nunca navegar em sites a partir de um servidor. Sempre usar uma estação cliente;

- Usar um firewall/roteador para que seja possível filtrar os endereços e bloquear o tráfego de Internet recebido de sites perigosos e enviado para eles;

- Considerar o uso de software de filtragem do conteúdo.

5.4 Procedimentos para uso de correio eletrônico

Existem vários riscos quando o assunto é correio eletrônico. Desde a falsificação até a contaminação por vírus. Apesar de ser um meio extremamente eficiente de trocar informações, existem diversas formas de burlá-lo e torná-lo um meio de propagar vírus pela Internet. O e-mail em uma organização deve ser utilizado para propósitos comerciais. Entretanto, também é utilizado para propósitos particulares, para fazer *spam* e outros fins que não os de negócio.

As políticas devem considerar os aspectos de armazenamento, conteúdo e transmissão, assim como, abordar regras de uso e administração para o tráfego de informações confidenciais.

Um outro aspecto que deve ser avaliado é o uso de Certificação Digital nos e-mails. Dessa forma, evita-se o não repúdio, garantindo a integridade não só da mensagem, mas também dos arquivos anexos. **Existem organizações que monitoram o conteúdo dos e-mails enviados e recebidos pelos seus colaboradores para fins de auditoria e/ou investigação.** As empresas treinam seus **colaboradores** para conseguirem melhores vendas e resultados, mas esquecem de treiná-los para resguardar o seu mais valioso produto, a informação.

5.5 Gerenciamento, controle da rede, monitoração do uso e acesso aos sistemas

As políticas de controle de acesso lógico devem abranger (i) o recurso informatizado que se pretende proteger e (ii) o usuário a quem se pretende dar certos privilégios e acessos.

A proteção dos recursos está baseada na importância das informações e na necessidade de acesso de cada usuário, enquanto que a identificação e autenticação são feitas normalmente por um User ID e uma senha durante o processo de *logon*.

A norma NBR ISO/IEC 27002:2005 estabelece que as regras para a concessão de acesso devem ser baseadas na premissa *"Tudo deve ser proibido a menos que expressamente permitido"*, ao invés da regra *"Tudo é permitido a menos que expressamente proibido"*.

Os controles de acesso lógico devem assegurar que:

- Apenas usuários autorizados tenham acesso aos recursos;

- Os usuários tenham acesso apenas aos recursos realmente necessários para a execução de suas atividades;

- O acesso aos recursos críticos seja constantemente monitorado e restrito;

- Os usuários sejam impedidos de executar transações incompatíveis com a sua função.

O controle de acesso pode ser resumido nas funções:

- Identificação e autenticação de usuários;

- Gerenciamento e monitoramento de privilégios;

- Limitação e cancelamento de acessos, e na prevenção dos acessos não autorizados.

O processo adequado para a manutenção de um controle efetivo sobre os acessos aos sistemas requer processos com intervalos periódicos para a revisão das contas de usuários e seus respectivos privilégios. Dessa forma, a organização deve padronizar os seguintes aspectos:

- Todas as solicitações de acesso devem ser formais e devidamente aprovadas pelos níveis requeridos;

- Os acessos de usuários devem ser revistos periodicamente e sempre que houver alguma alteração no ambiente dos sistemas, incluindo também administradores ou quaisquer outros tipos de acesso privilegiado;

- Os usuários que forem demitidos devem ser removidos, ou terem seus acessos bloqueados para auditoria, de forma imediata dos sistemas;

- As contas dos usuários afastados ou em férias devem ser bloqueadas temporariamente;

- A comunicação dessas situações deve ocorrer por meio de procedimento efetuado pelo departamento pessoal ou de recursos humanos. A periodicidade da comunicação deve ser mensal para os casos de afastamento e férias, no entanto, **para os casos de demissão, a mesma deve ser imediata**.

5.5.1 Processo de logon

O processo de logon é usado para obter acesso aos dados e aplicativos em um sistema informatizado. Normalmente esse processo envolve a utilização de um *User ID* e uma senha.

Para dificultar a tarefa de um invasor, recomenda-se limitar o número de tentativas incorretas de acesso *(logon)*, bloqueando a conta do usuário ao alcançar um número limite.

Para que o usuário possa auxiliar no controle de acesso da sua própria conta, pode-se apresentar, após o *logon* ter sido realizado com sucesso, a data e a hora do último acesso, e detalhes sobre as tentativas frustradas. Dessa forma, o usuário pode identificar as tentativas de uso não autorizado de sua conta e reportar os incidentes à área de Segurança da Informação.

5.5.2 Identificação e autenticação do usuário

A identificação do usuário, ou *User ID*, deve ser único, isto é, cada usuário deve ter uma identificação própria. Todos os usuários autorizados devem possuir um código de usuário, quer seja um código de caracteres, cartão inteligente, quer seja outro meio de identificação. Essa unicidade de identificação permite um controle das ações praticadas pelos usuários por meio dos *logs* de acesso e atividade dos sistemas operacionais, aplicativos e redes.

Deve ser inibida, de todas as formas, qualquer oportunidade de uso compartilhado de senhas.

Após a identificação do usuário, ocorre sua autenticação, isto é, o sistema confirma se o usuário é ele mesmo. Os sistemas de autenticação são uma combinação de hardware, software, políticas e procedimentos que permitem o acesso de usuários aos recursos computacionais. Na autenticação, o usuário apresenta algo que ele sabe ou possui, podendo até envolver a verificação de características físicas. A maioria dos sistemas modernos solicita uma senha (algo que só o usuário conhece), cartões inteligentes (algo que o usuário possui) ou ainda características físicas, como o formato da mão, da retina ou do rosto, impressão digital e reconhecimento de voz (algo que o usuário é).

5.5.3 O PAPEL DAS SENHAS NO AMBIENTE INFORMATIZADO

O que não se deve usar na elaboração de uma senha?

Especificar na política que o nome, sobrenome, números de documentos, placas de carros, números de telefones, times de futebol e datas deverão estar fora da lista de senhas. Esses dados são muito fáceis de se obter e qualquer pessoa poderia utilizar esse tipo de informação para uma autenticação válida.

Existem várias regras de criação de senhas, sendo que uma regra muito importante é jamais utilizar palavras que façam parte de dicionários. Existem softwares que tentam descobrir senhas combinando e testando palavras em diversos idiomas e geralmente possuem listas de palavras (dicionários) e listas de nomes (nomes próprios, músicas, filmes etc.).

O que é uma boa senha?

Uma boa senha deve ter pelo menos oito caracteres (letras, números e símbolos), deve ser simples de digitar e, o mais importante, deve ser fácil de lembrar.

Normalmente os sistemas diferenciam letras maiúsculas das minúsculas, o que já ajuda na composição da senha. Por exemplo, "pAraleLepiPedo" e "paRalElePipEdo" são senhas diferentes. Entretanto, são senhas fáceis de descobrir utilizando softwares para quebra de senhas, pois não possuem números e símbolos e contêm muitas repetições de letras.

Como elaborar uma boa senha?

Quanto mais "bagunçada" for a senha, melhor, pois mais difícil será descobri-la. Assim, devem-se misturar letras maiúsculas, minúsculas, números e sinais de pontuação. Especialistas dizem que, uma regra realmente prática e que gera boas senhas difíceis de serem descobertas, é utilizar uma frase qualquer e pegar a primeira, segunda ou a última letra de cada palavra.

Por exemplo, usando a frase "batatinha quando nasce se esparrama pelo chão" pode-se gerar a senha "!BqnsepC" (o sinal de exclamação foi colocado no início para acrescentar um símbolo à senha). Senhas geradas desta maneira são fáceis de lembrar e são normalmente difíceis de serem descobertas. Obviamente, você não vai usar estas senhas citadas como exemplo, certo?

SEGURANÇA DE SENHAS

Regras adequadas	Erros comuns
Componha a senha com caracteres maiúsculos e minúsculos.	Não utilize seu nome ou username como senha, mesmo de forma variada, tal como maiúsculo ou duplicado.
Utilize na composição das senhas caracteres não alfabéticos.	Nunca deixe o seu computador com seu usuário e senha ativos.
Os profissionais de tecnologia não devem saber a sua senha; o uso da mesma é individual.	Não utilize nenhum dos nomes que compõem o seu nome completo.
Realize a desconexão ou desligue o computador durante a ausência.	Não faça uso do nome de parentes, principalmente do cônjuge e filhos. Animais de estimação também devem ser excluídos da lista de opções.
A senha deve ser memorizada.	Não faça uso do dicionário para a seleção da senha.
Utilize senhas que possam ser digitadas sem a necessidade de observar o teclado.	Não use senhas com um número de caracteres inferior a 8 caracteres.
Use senhas com tamanho suficiente para inibir sua descoberta.	Não componha a senha com informações pessoais suas ou de sua família.
Não divulgue sua senha.	Não escreva sua senha em papéis.
Use senhas derivadas de frases.	Não use senha composta somente pelo mesmo tipo de caractere.
Não use senhas triviais.	Não compartilhe a senha ou incentive tal ato; tenha sempre contas individuais.

Figura 16 - Segurança de senhas

5.5.4 Parametrizações básicas de senhas nos sistemas aplicativos e redes

Sistemas operacionais, banco de dados ou sistemas que possuam o mínimo de recursos de segurança devem, por natureza, prover a digitação de senhas de forma oculta, por meio de máscara, impedindo a visualização durante a digitação da senha, além de, forma automática, sugerir sua alteração durante o primeiro acesso. É comum que também sejam aceitas conexões simultâneas dos usuários, recurso este que deve ter sua utilização inibida.

Além disso, as políticas devem prever regras capazes de obrigar os usuários a parametrizar suas senhas de forma segura. Abaixo relacionamos alguns desses parâmetros básicos:

- **Número de caracteres para composição da senha:** deve ser composta no mínimo por oito caracteres;

- **Expiração da senha:** Deve ser forçada a alteração das senhas dos usuários periodicamente;

- **Repetições de senha:** restringir, pelo menos, a utilização das últimas cinco senhas utilizadas;

- **Quantidade de tentativas inválidas de acesso:** deve haver um limite para realizar o bloqueio das tentativas de acesso inválidas, de forma a evitar a descoberta das senhas. A boa prática sugere 3 tentativas;

- **Troca das senhas iniciais *(default)*:** As senhas iniciais dos sistemas, banco de dados e quaisquer outros produtos, devem ser trocadas imediatamente, antes de sua utilização em ambiente de produção;

- **Bloqueio automático por tempo de inatividade *(Time Out)*:** Os sistemas devem possuir tempo máximo determinado para realizar o bloqueio/término de um acesso por inatividade.

5.5.5 Restrições de acesso remoto

Cada vez mais as organizações estão fazendo uso do recurso de acesso remoto em aplicações que realizam seus processamentos entre localidades distintas, por exemplo, o uso de usuários trabalhando remotamente de seus escritórios ou residências.

Tal facilidade de comunicação, por meio da utilização de diversos dispositivos, como, por exemplo, laptops, PDAs, Wireless Networks e celulares, expõe a organização a diversos riscos, desafiando assim os gestores de segurança e tecnologia da informação a pesquisarem soluções capazes de suportar suas necessidades de negócio e os pré-requisitos adequados da segurança.

Algumas questões neste cenário acabam fazendo-se necessárias:

- Como se conectar remotamente de forma segura?
- Como assegurar que o usuário correto está acessando a informação correta?
- Como controlar o uso indiscriminado de eventuais dispositivos para o acesso remoto?

Meios de controle

As organizações devem autorizar o uso do acesso remoto somente por meio de procedimentos formais estabelecidos nas normas e políticas. O conjunto de tecnologias deve atender sempre os requisitos do negócio, sem expor a organização a riscos que comprometam a confidencialidade, integridade e disponibilidade da informação.

A autorização e liberação para o acesso devem ocorrer somente após a implantação de controles e acordos de segurança, como por exemplo, acordos de confidencialidade e implementação de recursos de segurança (softwares de criptografia, VPN, etc.).

Deve-se considerar pelo menos os seguintes aspectos:

- Proteção do local de trabalho, de forma a minimizar os riscos de roubo ou acesso a equipamentos e informações;
- Controle adequado pelos proprietários da informação e gestores de TI;
- Avaliação da segurança dos recursos de comunicação considerando a importância das informações a serem acessadas e a forma como trafegarão em canais de comunicação;

- Procedimentos para a manutenção nos equipamentos, incluindo adequado procedimento de backup e contingência;

- Monitoração e auditoria de segurança;

- Controle de acesso, revogação da autoridade e devolução dos equipamentos;

- Inventário dos equipamentos;

Todas as aplicações envolvidas em conexões remotas devem ser disponibilizadas após a análise técnica, respeitando os cuidados relativos à segurança lógica e física.

Análise de risco

Uma análise do ambiente deve ser realizada para identificar os riscos inerentes para determinar os controles requeridos.

A análise deve envolver o tipo de acesso requisitado, o grau de importância da informação, recursos de segurança utilizados e o impacto para a infra-estrutura em geral.

5.6 Uso de controles de criptografia

De acordo com a norma NBR ISO/IEC 27002:2005, técnicas e sistemas criptográficos devem ser usados para a proteção das informações que são consideradas de risco e para as quais outros controles não fornecem proteção adequada. Deve-se especificar na política o uso de controles de criptografia para a proteção das informações. Tal política é necessária para maximizar os benefícios, minimizar os riscos e evitar o uso impróprio ou incorreto das informações. No desenvolvimento da política, considere:

- Enfoque da Alta Administração frente ao uso dos controles de criptografia, incluindo os princípios gerais sob os quais as informações do negócio devem ser protegidas;

- Enfoque utilizado para o gerenciamento de chaves, incluindo métodos para tratar a recuperação de informações criptografadas em casos de chaves perdidas, expostas ou danificadas;

- Regras e responsabilidades;

- Implementação da política;

- Gerenciamento das chaves;

- Como deve ser determinado o nível apropriado da proteção criptográfica;

- As normas a serem adotadas para a efetiva implementação através da organização (qual solução é utilizada para cada processo de negócio).

5.6.1 Criptografia

Durante o processo de avaliação de riscos e classificação da informação deve-se determinar o nível de proteção a ser dado à determinada informação. Essa avaliação poderá então ser usada para determinar se um controle criptográfico é apropriado e qual tipo deve ser aplicado, por exemplo:

- Uso de criptografia e assinatura digital;

- Uso de técnicas de criptografia para proteger a confidencialidade e a integridade das mensagens eletrônicas;

- Métodos baseados no uso de técnicas de criptografia para fornecer uma autenticação forte;

- Utilização de *Tokens* para a autenticação de usuários remotos.

Ao decidir implementar a utilização de técnicas de criptografia, recomenda-se uma atenção especial nos requisitos legais. Eles podem variar em diferentes partes do mundo. Adicionalmente, a contratação de uma assessoria legal pode ser necessária de forma a auxiliar a organização nas leis e nas regulamentações em vigor.

5.6.1.1 Modelos de criptografia

Criptografia simétrica ou algoritmo simétrico

É o tipo mais simples. Usa somente uma chave, tanto para criptografar quanto para decriptar. Essa chave deve ser mantida secreta para garantir a confidencialidade da mensagem. O mecanismo da criptografia simétrica é demonstrado a seguir:

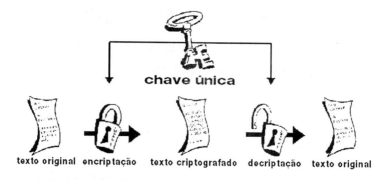

Figura 17 - Criptografia simétrica

Criptografia assimétrica ou algoritmo assimétrico

É um algoritmo de criptografia que usa duas chaves: uma chave pública e uma chave privada, sendo a chave pública distribuída abertamente, enquanto a chave privada é mantida secreta. Esse tipo de algoritmo é capaz de muitas operações, incluindo, a criptografia e assinaturas digitais. O mecanismo da criptografia assimétrica é demonstrado a seguir:

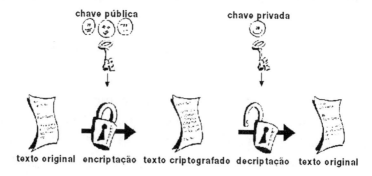

Figura 18 - Criptografia assimétrica

5.6.2 Assinatura digital

Um dos benefícios da criptografia assimétrica é a utilização de assinaturas digitais, que permitem ao destinatário verificar a autenticidade e a integridade da informação recebida. Além disso, uma assinatura digital não permite o repúdio, isto é, o emitente não pode alegar que não realizou a ação, considerando sua assinatura digital. O mecanismo da assinatura digital é demonstrado a seguir:

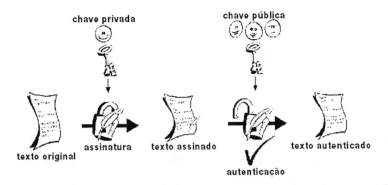

Figura 19 - Assinatura digital

5.7 Trilhas de auditoria ou *logs* de acesso e atividade

O registro e a análise dos *logs* são preciosas ferramentas em processos de auditorias de segurança nas organizações. Utilizando os dados gerados por sistemas, aplicações, rede, entre outros, os *logs* trazem inúmeras informações que se transformam em informações capazes de avaliar os níveis de segurança e se as medidas estão surtindo o efeito esperado.

Entretanto, transformar essa enorme quantidade de dados em informações úteis não é tarefa simples. Como os *logs* registrados em cada um dos sistemas (Firewalls, roteadores, servidores, ferramentas de detecção de intrusos, sistemas aplicativos, etc.) contêm, em geral, informações e formatos distintos, nem sempre compatíveis entre si, isso torna a operação mais trabalhosa.

Existem ferramentas, por exemplo, que são capazes de converter os diversos formatos de *log* apresentando um panorama da situação com formatações mais amigáveis.

Outro cuidado que deve ser tomado é que nem sempre os sistemas têm como *"default"* a coleta das informações necessárias no negócio, sendo necessário complementar os *logs* disponíveis com outros mecanismos, cujas tarefas compreendem:

- Verificar a integridade de dados e arquivos;
- Monitorar o uso dos recursos do sistema, do tráfego da rede, das conexões, das contas e os acessos do usuário;
- Mapear vírus e investigar as vulnerabilidades da rede e do sistema.

Ao comparar os dados coletados será possível verificar se o comportamento de todos os componentes está de acordo com o esperado. Ressaltamos que os arquivos de *log* são o único registro de comportamento suspeito. Sem os mecanismos devidamente configurados e implementados, dificilmente será possível determinar se uma tentativa de invasão foi feita e se o invasor foi bem-sucedido. Por isso, é fundamental que, além de identificar as informações nos *logs*, sejam criados procedimentos para analisar os registros.

5.7.1 Tipos de categorias e informações dos *logs*

Usuários

Podem-se registrar:

- Informações de *login/logout*;
- Tentativas frustradas;
- Localização;
- Hora e data;
- Tentativas de logins e acesso em áreas restritas;

- Alterações no status de autenticação, como, por exemplo, permissão e privilégios.

Sistemas

Podem-se registrar:

- Ações que requeiram privilégios especiais;
- Status/erros reportados em hardware e software;
- Modificações no status do sistema, incluindo *shutdowns* e *restarts*;

Rede

Podem-se registrar:

- Requisição de início de serviço;
- Nome do usuário/*host* solicitando o serviço;
- Tráfego da rede;
- Novas conexões;
- Duração das conexões.

Aplicações

Podem-se registrar:

- Informações específicas sobre aplicações e serviços como *logs* de e-mail, ftp, Web server, modems e firewalls.

Processos

Podem-se registrar:

- Especificação do início do processo;
- Determinação do status do fim do processo, tempo, duração e recursos consumidos.

Sistemas de arquivos

Podem-se registrar:

- Mudanças nas listas de controle de acesso e proteção de arquivos;
- Arquivos acessados (abertura, criação, execução e destruição).

5.7.2 Cuidados especiais ao lidar com *logs*

- Não registre senhas nos *logs*, nem mesmo as incorretas. Esse tipo de documentação criará uma vulnerabilidade se os arquivos forem impropriamente acessados. Gravar senhas incorretas também pode ser arriscado, principalmente porque o erro, geralmente, se restringe a apenas um caractere.

- Avalie se os mecanismos de *login* fornecidos pelos sistemas e redes são capazes de armazenar as informações necessárias. Se as informações não forem suficientes, complemente-as com ferramentas apropriadas.

- **Proteja os *logs*.** Certifique-se de que as informações contidas nos *logs*, muitas vezes sensíveis, estejam protegidas de modo que não possam ser acessadas ou modificadas por usuários não autorizados.

- Criptografe os arquivos de *logs*, principalmente os mais sensíveis ou os que forem transmitidos via rede.

- Alguns métodos podem assegurar que os arquivos não sejam alterados, como:
  - Gravar os arquivos em meios do tipo *"write-once/read-many"*; e
  - Documentar dados em um arquivo em um servidor diferente, de preferência com localização física segura, que não seja facilmente acessível pela rede.

- Trate as informações. Como os registros necessitam de grande espaço de armazenagem, talvez seja necessário compactá-los com certa freqüência para mantê-los acessíveis e ao mesmo tempo liberar espaço.

- Determine quais são os dados mais úteis. É necessário equilibrar a importância de mantê-los gravados com os recursos disponíveis para o armazenamento.

5.8 Plano de continuidade

A política deve assegurar a existência de um plano de continuidade capaz de orientar todo o processo de restauração parcial ou total do ambiente de sistemas, incluindo também as atividades de teste e manutenção do plano.

A gestão de TI, deve obter colaboração dos gestores de negócio, criando diretrizes de continuidade referendadas pelos mesmos, de forma a definir claramente os papéis e responsabilidades, e aprovação dos critérios para a análise de impacto (BIA).

O teor do capítulo de gestão da continuidade e/ou contingência, na política, deve abordar diversos aspectos com relação à avaliação de risco e impacto no negócio (BIA). A política deve ressaltar que, o plano ao ser desenvolvido, resultará num conjunto de documentos onde estarão registradas as ações relativas às adequações da infra-estrutura e às alterações dos procedimentos.

Na política, deve-se detalhar que o Plano de Contingência e/ou Continuidade seja revisado e testado periodicamente de forma a garantir o seu funcionamento em caso de necessidade. Os riscos que serão minimizados com a criação de um plano aderente à política de segurança incluem, mas não se limitam a:

- Comprometimento das operações com os clientes;
- Perda de receita e vantagem competitiva perante a concorrência;
- Multas e sanções legais.

Os trabalhos relativos à contingência de sistemas e/ou continuidade do negócio devem estar integrados com a gestão de riscos do negócio e de

TI, de forma que eventuais riscos mapeados, estejam parcialmente ou totalmente suportados.

Os trabalhos de avaliação de impacto devem servir como entrada para os trabalhos de gestão de riscos, da mesma forma que os resultados deste último devem subsidiar a gestão de continuidade.

O processo de gestão da continuidade deve prover pelo menos as seguintes atividades de controle:

- Assegurar que um plano formal (escrito) esteja desenvolvido, testado e amplamente divulgado (incluindo treinamento);

- Procedimentos de urgência/emergência descritos e testados;

- Procedimentos corretivos e de recuperação desenhados para trazer os negócios de volta à posição em que se encontravam antes do incidente ou desastre;

- Ações para salvaguardar e reconstruir o site original;

- Procedimentos para interação com as autoridades públicas; e

- Comunicação com funcionários, clientes, fornecedores, acionistas, alta administração, autoridades públicas e imprensa.

5.9 BACKUP, CÓPIAS DE SEGURANÇA E RESTORE

A disponibilidade do ambiente de processamento de dados é fundamental em qualquer organização, independentemente de seu tamanho e valor de suas receitas.

Para manter as informações disponíveis é necessário, além dos recursos de hardware, possuir procedimentos de *backup* e *restore* das informações. Estes por sua vez devem ser capazes de orientar as ações de realização e recuperação das informações.

A Política de Segurança deve fornecer as diretrizes necessárias para orientar o desenvolvimento dos procedimentos de *backup* e *restore*, portanto nosso propósito neste capítulo é conceituar suas atividades possibilitando a criação de procedimentos seguros de tal contingência.

O valor da informação produzida na organização além do valor estratégico para o negócio é também a soma de inúmeras horas de trabalho no desenvolvimento de documentos, informações, produtos, entre outros esforços, que provavelmente em qualquer tentativa de quantificar seu valor, teremos um número aproximado, porém dificilmente exato e com grandes chances de, a cada cálculo realizado, termos valores diferentes. No entanto, é evidente que o procedimento de *backup* é um dos recursos mais efetivos para assegurar a continuidade das operações em caso de paralisação na ocorrência de um sinistro.

Para a implementação do *backup*, deve-se levar em consideração a importância da informação, o nível de classificação utilizado, sua periodicidade de atualização e também sua volatilidade.

Conceituaremos, a seguir, os principais itens a serem considerados em uma política para a realização de *backup* e *restore*.

5.9.1 Fatores a considerar

Com base nos conceitos apresentados, entendemos que a organização deve elaborar seus procedimentos com base nas seguintes premissas:

- Realizar *backups* visando diminuir os riscos da continuidade;

- Manter os *backups* em local físico distante da localidade de armazenamento dos dados originais;

- Realizar testes nas mídias que armazenam os *backups* para assegurar que os mantidos em ambiente interno e/ou externo estejam seguros e em perfeito estado para serem utilizados;

- Desenvolver e manter a documentação dos procedimentos de *backup* e *restore* sempre atualizada;

- Assegurar que seja mantido um inventário sobre as mídias que armazenam os *backups*.

5.9.2 Periodicidade e retenção

Como citado anteriormente, a freqüência para a realização dos *backups* e a respectiva retenção deve ser determinada considerando a velocidade e volatilidade da informação, ou seja, depende da periodicidade em que os dados são alterados.

Portanto para determinar a freqüência e a retenção no procedimento de *backup*, considere os conceitos e as premissas abaixo relacionados:

- **Velocidade da informação:** periodicidade na qual a informação é atualizada;

- **Volatilidade da informação:** período de tempo no qual a informação permanece atual e utilizada. Por exemplo: para os dados que não sofrerem alteração pelo período de trinta dias, somente será necessária a realização de um novo *backup* no trigésimo primeiro dia, conseqüentemente, sua retenção programada poderá ser para trinta dias.

Esses dois conceitos devem orientar a freqüência e retenção da realização dos *backups*.

5.9.3 Armazenamento

O armazenamento das mídias de *backup* deve ser realizado em localidade diferente de onde estão armazenados os equipamentos geradores da informação.

A integridade dos *backups* é comprometida quando as mídias estão armazenadas juntamente com os equipamentos onde os dados estão sendo gerados. Desastres (incidente causado pela natureza, tais como, incêndios, terremotos ou incidente causado por atos maliciosos) poderão causar destruição ou danificação dos equipamentos e de seus *backups*, conseqüentemente, comprometendo o processo de reconstituição do ambiente.

Além dos *backups* realizados por empresas terceiras, como, por exemplo, provedores de sites de contingência, deve-se produzir uma cópia adicional de segurança dos *backups* considerados mais críticos para ser armazenada nas instalações da organização independentemente das cláusulas contratuais estabelecidas, que visam proteger a organização.

5.9.4 DOCUMENTAÇÃO E ROTULAÇÃO

Para todos os *backups* devem existir registros das operações envolvidas na ação de realizar a cópia. Sugerimos constar as seguintes informações para os *backups* (diários, semanais, mensais e anuais):

- **Nome do servidor:** especificar o nome da mídia física utilizada no *backup* do servidor ou qualquer outro recurso gerador da informação;
- **Quantidade total de fitas:** detalhar a quantidade de fitas utilizadas nos casos aplicáveis;
- **Tipo de mídia:** especificar o recurso utilizado (CD, DVD, fita DAT, disquete etc.);
- **Localização do servidor:** registrar a localização do servidor;
- **Descrição do conteúdo:** descrever os arquivos, sistemas etc.;
- **Período de retenção:** especificar o período de tempo em que as informações constantes na mídia devem ficar retidas para assegurar uma maior proteção ao negócio;
- **Horário:** descrever o horário em que a atividade de *backup* é realizada;
- **Tipo:** especificar o tipo de *backup* selecionado, como por exemplo, se é *"full"*, *diferencial* ou *incremental*;
- **Dependência:** descrever as dependências de outras rotinas configuradas e agendadas;
- **Instruções de trabalho:** documentar a operação do software de *backup* com alto nível de detalhes, e se possível com o uso de cópias da tela do software utilizado;
- **Restrições:** descrever possíveis restrições que possam existir.

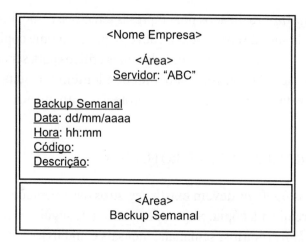

Figura 20 - Modelo de etiqueta para as mídias de backup

5.9.5 Testes de restauração

Os testes de restauração (*restore*) devem ser periódicos com o objetivo de garantir a qualidade dos *backups*, tendo por finalidade:

- Verificar a integridade da informação armazenada;
- Avaliar a funcionalidade dos procedimentos;
- Verificar a capacitação e a falta de treinamento da equipe;
- A identificação de procedimentos desatualizados ou ineficazes;
- A identificação de falhas ou defeitos.

5.10 Notificação e gerenciamento de incidentes de segurança

Um incidente de segurança pode ser definido como qualquer evento adverso, confirmado ou sob suspeita, relacionado à segurança dos sistemas de computação ou das redes de computadores.

É uma atividade realizada através da utilização de recursos de processamento e do acesso às informações que afeta, em qualquer instância, a confidencialidade, a integridade ou a disponibilidade de determinadas informações ou ativos de informação.

De acordo com o *CobiT (Control Objectives for Information and Related Technology)* os seguintes objetivos de controle devem ser atendidos nas políticas:

- Registro, análise e resolução em tempo hábil de todos os eventos operacionais que não são parte da operação padrão (incidentes, problemas e erros), sendo que problemas relevantes devem ser apontados em relatórios de ocorrências;

- Priorização dos problemas identificados de modo que sejam resolvidos da maneira mais eficiente, em tempo adequado, sendo que tais procedimentos devem ser devidamente documentados;

- Adequação das trilhas de auditoria de forma a permitir investigar o incidente e suas causas.

Lembramos que o objetivo deste procedimento de segurança é minimizar danos originados pelos incidentes de segurança e pelo mau funcionamento dos sistemas ou redes de computadores, monitorando-os e **aprendendo com eles**.

5.10.1 Tipos de incidentes de segurança

São exemplos de incidentes de segurança que devem ser reportados:

- Roubo ou extravio de informações;

- Perda de informações ou equipamentos que armazenam dados críticos;

- Propagação de vírus ou outros códigos maliciosos;

- Ataques de negação de serviço;

- Ataques de engenharia social;

- Uso ou acesso não autorizado a um sistema;
- Modificações em um sistema, sem o conhecimento, instruções ou consentimento prévio de seu proprietário;
- Desrespeito à Política de Segurança.

Classificamos os incidentes em diferentes níveis de severidade. Nem sempre um incidente será classificado em um mesmo nível, por exemplo:

- **Baixo**
  - Perda de senha;
  - Utilização dos recursos para fins pessoais;
  - Utilização inadequada dos recursos de TI;

- **Médio**
  - Download ilícito;
  - Divulgação ou roubo da senha;
  - Acesso não autorizado;

- **Alto**
  - Pedofilia;
  - Utilização ilegal de software;
  - Invasão de redes e sistemas.

5.10.2 Notificações de incidentes

Devem existir canais formais de comunicação de incidentes. Toda comunicação deve ser formalizada através de formulários, e-mail, sistemas informatizados específicos, de forma anônima ou não, desenvolvidos pela área de Segurança da Informação junto com TI e com os Proprietários das Informações.

Os usuários devem auxiliar a segurança corporativa informando as tentativas de violações para os respectivos responsáveis das áreas. Em seguida, repassar a ocorrência para a área de Segurança da Informação para que as devidas ações sejam tomadas.

5.10.3 Engenharia social

Todos já nascemos com aquele impulso natural de explorar tudo aquilo que nos cerca. E por que não explorar **o elo mais fraco da segurança: o fator humano**? O cientista mais respeitado do mundo no século XX, Albert Einstein, disse certa vez: *"Apenas duas coisas são infinitas: o universo e a estupidez humana. E eu não tenho certeza se isso é verdadeiro para o primeiro".*

O sucesso no ataque de engenharia social ocorre geralmente quando os alvos são as pessoas ingênuas ou aquelas que simplesmente desconhecem as melhores práticas de segurança.

Mas afinal, o que é engenharia social? De acordo com a cartilha de segurança do CERT.Br, a engenharia social é *"um método de ataque onde alguém faz uso da persuasão, muitas vezes abusando da ingenuidade ou confiança do usuário, para obter informações que podem ser utilizadas para ter acesso, não autorizado, a computadores ou informações".* É necessário investir na conscientização e sensibilização dos colaboradores da organização sobre esse tema.

Pouca ou nenhuma segurança deixa as organizações vulneráveis. Entretanto, em exagero, atrapalha a condução e o crescimento das atividades do negócio. Não há como garantir a segurança da informação na organização somente investindo em equipamentos e recursos de tecnologia da informação, como, por exemplo, Firewalls, sistemas de detecção de intrusos, antivírus e etc.

Todos (colaboradores e executivos) devem ter em mente que as informações por eles manuseadas têm valor e podem causar grandes prejuízos para a organização onde trabalham, tendo até seus empregos ameaçados devido à impossibilidade da organização em realizar seus negócios e se perpetuar no tempo.

Quais são os tipos de ataque

- **No local de trabalho:** Acesso à informação restrita/interna (lista de ramais, organogramas, etc.) por pessoal não autorizado. Em diversas organizações esse tipo de informação fica exposto em locais por onde transitam as pessoas, funcionários ou não.

- **Inversa:** De posse da lista de ramais ou organograma, o invasor adquire conhecimento para poder passar por uma pessoa de autoridade. Em uma ligação telefônica ele se identifica, por exemplo, como um gerente ou diretor e pede as informações desejadas.

- **Por telefone:** Contato efetuado por um sujeito que diz ser da área de Help-Desk informando que a estação de trabalho do usuário-alvo necessita de uma atualização de software, de forma que fique em conformidade com as demais da organização e mais segura (*patch* de emergência). Sem validar se o sujeito é quem realmente diz ser, o pobre usuário procede rigorosamente ao processo de instalação de algum tipo de programa malicioso (*Spyware, Trojan, Worm, Malware*, vírus etc.) sem ter conhecimento que a ação está ocorrendo. Veja nos anexos um exemplo de ataque de engenharia social por telefone.

- **Lixo:** Vasculhar o lixo de uma organização para encontrar informações descartadas que possuem valor ou que forneçam dicas de ferramentas que podem ser utilizadas em um ataque de engenharia social, tais como números de telefone, ramais, organogramas, relação de clientes, cargos, etc.

- **On-line:** Envio de e-mail publicitário, oferecendo brindes para que o usuário participe de sorteios, solicitando os dados pessoais e profissionais. Conseqüentemente, o invasor terá à sua disposição quase tudo o que é necessário para um ataque, sem grande esforço.

Nunca pense que para realizar esse tipo de ataque são necessárias mentiras complexas previamente preparadas. **A maioria dos ataques é direta e simples, apenas pedindo a informação!**

Principais formas de prevenção

- Implementar formalmente a Política de Segurança da Informação. Quando possível, efetuar palestras para os colaboradores para conscientizar sobre seu uso.

- Classificar as informações de forma a esclarecer a cada colaborador sobre o que pode ser divulgado e o que não pode.

- Desconfiar de grandes promoções, preços baixos e das ofertas veiculadas na Internet.

- Desconfiar sempre que for surpreendido por um telefonema de alguém que não conheça. Nunca divulgar nada e pedir um número de retorno para verificar se a ligação é verdadeira.

Penalidades

É muito difícil punir os responsáveis por este tipo de ataque, pois estes "delitos" nem podem ser considerados crimes. Entretanto, é possível combatê-los com uma legislação que os definam bem, sendo assim necessário consultar a área jurídica para efetuar uma avaliação do ocorrido.

Considerações importantes

A grande maioria dos incidentes tem a intervenção humana, seja de forma acidental ou não. A segurança está relacionada a pessoas e processos, antes da tecnologia. Conseqüentemente, de nada valerão os milhões investidos em recursos de tecnologia da informação se o fator humano for deixado em segundo plano. **Quanto mais bem preparados os funcionários de uma organização, mais segura ela será.**

5.10.4 FORENSE COMPUTACIONAL

Como forma de prover evidências para investigações e ações disciplinares, as políticas devem contemplar procedimentos de análise de incidentes quando houver suspeita de acesso indevido ou má utilização dos ativos de informações. Recomendamos considerar como objetivo principal de um trabalho de perícia forense computacional fornecer evidências para os processos de investigação.

5.11 Uso de pastas públicas na rede

A utilização de forma adequada dos recursos disponibilizados pela organização é fator fundamental para uma adequada gestão de custos além de outros fatores, como por exemplo, a segurança. E nesse âmbito, podemos classificar o uso de pastas compartilhadas nos servidores para o armazenamento de informações como item importante a ser considerado em uma estratégia de segurança e de gestão de recursos de TI.

Deve-se apurar se os recursos disponibilizados para o armazenamento de dados nas pastas classificadas como públicas em servidores da rede não estão sendo mal utilizados, possibilitando a exposição de informações confidenciais, além do uso de recursos com investimentos elevados para fins particulares.

5.11.1 Procedimentos para monitoração e limpeza das pastas

A organização, por meio de seus processos internos, deve assegurar que os arquivos em pastas públicas na rede sejam submetidos às seguintes atividades:

- Periodicamente os arquivos devem ser excluídos das pastas públicas, sendo assim, recomenda-se estabelecer e divulgar datas para realizar esta atividade;

- Os profissionais responsáveis pela rede têm que monitorar a ausência de espaço e informar o responsável da área de negócio para que este, juntamente com os usuários sob sua gestão, elimine os arquivos desnecessários. Tal medida visa minimizar os investimentos com aquisições de hardware;

- Implementar monitoramento contínuo do conteúdo;

- Desenvolver e divulgar na política os aspectos sobre a utilização das pastas públicas, definindo pelo menos as seguintes diretrizes:
  - Objetivos;
  - Critérios de uso;
  - Responsabilidades;
  - Meios de monitoramento;
  - Periodicidade e critérios da limpeza;
  - Penalidades por uso inadequado.

5.12 Controle de acesso físico às áreas sensíveis

A segurança em tecnologia da informação pode ser compreendida por dois principais aspectos: segurança física e segurança lógica. A **segurança física** desempenha um papel tão importante quanto a segurança lógica, porque é a base para a proteção de qualquer investimento feito por uma organização. Investir em diferentes aspectos da segurança sem observar suas devidas prioridades pode ocasionar uma perda de todos os recursos investidos em virtude de uma falha nos sistemas mais vulneráveis.

Qualquer acesso às dependências da organização, desde as áreas de trabalho até àquelas consideradas severas (onde ocorre o processamento das informações críticas e confidenciais) deve ser controlado sempre fazendo necessária sua formalização.

Os sistemas de segurança devem ser implementados para garantir que em todos os locais da organização o acesso seja realizado apenas por profissionais autorizados. Quanto maior for a sensibilidade do local, maiores serão os investimentos em recursos de segurança para serem capazes de impedir o acesso não autorizado.

5.12.1 Acesso de funcionários e terceiros às dependências da organização

As políticas devem especificar que todos os funcionários da organização somente terão acesso liberado às dependências da organização se portarem a identificação funcional pessoal. Já para as áreas restritas, os acessos deverão ser previamente solicitados e autorizados, por meio de procedimentos formais criados para tal atividade.

Os acessos de prestadores de serviço, contratados para consultorias, manutenções e/ou quaisquer outros serviços, deverão obter autorização formal antecipada para o acesso às dependências.

A norma NBR ISO/IEC 27002:2005 sugere diversos requisitos de segurança de terceiros dentro da organização, principalmente no tocante a contratos, entre os quais destacamos a necessidade de serem incluídos nos contratos os requisitos de segurança física.

5.12.2 Monitoração por circuito fechado de TV

De acordo com a norma *NBR 11514 - Controle de acesso para segurança física de instalações de processamento de dados*, as áreas de alto risco, ou seja, onde há comprometimento da continuidade dos negócios da organização, devem possuir procedimentos apoiados em sistemas inteiramente automáticos de forma que seja possível monitorar, por circuito de TV, o *hall* de entrada e as áreas críticas e importantes da organização.

Equipes de segurança devem ser capacitadas a realizar o monitoramento e executar ações em casos de ocorrência de acesso não autorizado.

5.12.3 Proteção física a centros de processamento de dados

As situações onde existem riscos, as pessoas e ativos devem ser abordados na Política de Segurança de Informação.

Nesta seção, comentamos algumas alternativas de proteção utilizadas em Centros de Processamento de Dados ou quaisquer outros locais de importância para a organização, que poderão ser utilizadas sempre que necessário, levando em consideração o valor do recurso ou pessoal a ser protegido.

O valor dos investimentos deve ser baseado sempre nos ativos a serem protegidos, considerando as informações envolvidas e seu valor para a organização.

Não temos, nesta obra, a intenção de especificar todas as normas ou procedimentos para a segurança do trabalho, mas destacar a importância da prevenção de acidentes em qualquer organização.

Segurança Ambiental – Rede Elétrica e Energia Alternativa

- A rede elétrica deve ser sempre estabilizada e dimensionada por profissionais especializados, sendo em seu planejamento, considerada a carga necessária.

- A manutenção deve ser tratada em procedimento específico, considerando a segurança contra incêndios.

- A fiação para o CPD deve ser única e independente visando evitar a penetração de ruídos.

- Para cada ativo considerado crítico, principalmente os de processamento de dados, deve haver fornecimento de energia de forma alternativa, independente das concessionárias de energia elétrica.

- Para as situações de contingência deve-se fazer o uso de geradores de energia.

Localização

- Realizar análise de risco considerando o grau de exposição às condições locais, verificando a possibilidade de desastres naturais e atos de vandalismo.

Ar-condicionado

- A utilização de equipamento de ar-condicionado exige planejamento e em muitas ocasiões, a realização de obras, envolvendo especialistas de TI e engenharia. Em localidades de processamentos de dados, visando a segurança da informação armazenada preservando sua integridade, os passos abaixo são necessários para uma avaliação adequada:
    - Avaliação da capacidade mínima requerida para os equipamentos que serão armazenados neste ambiente;
    - Itens de segurança contra incêndios;
    - Aspectos de contingência;
    - Avaliação das opções de manutenção.

Prevenção e combate a incêndio

- A utilização de sistemas de detecção de incêndio de forma automática deve ser obrigatória, de forma a acionar alarmes e recursos de combate quando identificado qualquer indício de incêndio.

- Deve haver brigada de incêndio, constituída formalmente e treinada.

- Os detectores de fumaça e temperatura devem ser instalados com a orientação de um técnico especializado e podem estar localizados em pelo menos nos seguintes locais:
    - Sob o piso falso; e
    - Tetos suspensos.

- Quanto mais críticos forem os equipamentos para o negócio, mais investimentos em recursos devem ser efetuados, com um técnico de segurança avaliando a necessidade da utilização dos seguintes recursos:
    - Uso de equipamentos para extinção automática;
    - Uso de portas corta-fogo;
    - Uso de alarmes de incêndio e detectores de fumaça.

- Os *sprinklers* de água (combate ao fogo por meio de aspersão), não devem ser instalados nos locais de processamento de dados.

- Deve haver instalados alarmes interligados a uma central de monitoração de segurança.

- Os locais de armazenamento de mídias de *backups* devem ser realizados em cofre anti-chamas, trancados com senha e localizados de forma distante de onde se efetua o processamento dos dados.

Segurança de Equipamentos

- Os servidores devem estar agrupados em locais que não façam uso de material combustível e possuir identificação para facilitar a sua localização, manutenção e operação.

- Os equipamentos de transmissão de dados devem ser mantidos em locais seguros, visando evitar o acesso não autorizado a informações por meio de interceptação (*sniffer*). Esses equipamentos também requerem o uso de suprimento alternativo de energia, visando uma contingência total da comunicação dos dados. Para facilitar a manutenção, os cabos de comunicação de rede devem possuir identificação.

5.13 Desenvolvimento de sistemas e gerenciamento de mudanças

O desenvolvimento de sistemas dentro de uma organização, cada vez mais assume um papel primordial nos negócios, relacionados às respostas rápidas a concorrência, na melhoria continua e na otimização como um todo dos processos. Tal papel deve ser ainda mais reforçado com o advento SOA *(Service Oriented Architecture)*, que deve ser observado com muita atenção pelos leitores desta obra.

Diante deste cenário, os gestores de TI devem buscar constantemente manter a capacidade competitiva por meio de processos de negócios ágeis, inteligentes, seguros e com o menor custo possível.

Suportar o desenvolvimento de sistemas por meio de uma metodologia que regule o ciclo de vida de desenvolvimento de sistemas da organização deve prever que as necessidades do negócio sejam amplamente satisfeitas, obrigando que os requisitos sejam atendidos, incluindo os aspectos de performance, segurança, confiabilidade, compatibilidade, segurança e legislação.

A pressão por resultados leva muitos gestores de TI a ignorar algumas fases no processo de desenvolvimento de um sistema, ou seja, realizando apenas o essencial e visando finalizar as demandas que foram atribuídas a TI no tempo requerido pelo negócio.

No entanto, a questão **segurança no desenvolvimento e no gerenciamento de mudanças** acaba por ser mais um destes itens que são deixados em segundo plano. E é nesse momento que os gestores de TI erram e aumentam o grau de exposição de suas organizações a diversos riscos, tais como, fraudes, comprometimento de sua marca perante o mercado, perdas financeiras, entre outros.

Entretanto, em virtude da lei Sarbanes-Oxley, este cenário vem se alterando, pois o tema desenvolvimento de sistemas e gerenciamento de mudanças é um dos mais críticos em um processo de auditoria de certificação.

A idéia de atender uma demanda no prazo, com o custo de criar um sistema que não tenha a total capacidade de manter a segurança da informação, certificando que a confidencialidade, a integridade e a disponibilidade estarão asseguradas, é de qualquer forma uma visão distorcida do atendimento aos requerimentos de negócio, pois atendê-lo também é minimizar a possibilidade de ocorrência de atos de má-fé, além de evitar paralisações no ambiente.

Felizmente, hoje no Brasil muitos gestores de TI e de negócio já iniciam seus projetos considerando a segurança como um dos fatores críticos de sucesso para o atendimento dos aspectos da tecnologia e principalmente dos aspectos do negócio.

Nosso objetivo, é contribuir na criação de parâmetros capazes de assegurar o desenvolvimento de sistemas de forma segura. Entendemos que a possibilidade de sucesso de um sistema desenvolvido sem considerar aspectos de segurança é muito pequena, podendo comprometer os rumos de uma organização.

Quando falamos "rumos de uma organização" não queremos fazer nenhum tipo de sensacionalismo, mas motivá-lo a pensar e notar a tamanha importância dos sistemas para que a maioria dos processos de negócio funcione.

Deve-se pensar, dentro deste raciocínio, que os sistemas estão sujeitos a vulnerabilidades que poderão, além dos prejuízos financeiros causados pelo invasor, chegar ao conhecimento dos clientes e do mercado. Conseqüentemente, surge a preocupação: "Meus clientes terão a mesma confiança em minha organização?"

A Segurança da Informação deve ser um item obrigatório em qualquer projeto de desenvolvimento de sistemas.

Sendo assim, a metodologia de desenvolvimento de sistema assume o papel de fornecer padrões sobre a especificação dos requisitos da solução, do relacionamento com o cliente interno, do desenho da solução, assim como sua arquitetura e também das especificações de testes, da documentação e preparação de evidências para toda a cadeia produtiva.

5.13.1 Metodologia de desenvolvimento de sistemas

A política de segurança deve assegurar a existência de uma metodologia capaz de orientar todo o processo de desenvolvimento de sistemas, incluindo também as atividades de manutenção corretiva e evolutiva.

Ela serve para padronizar e documentar o processo de desenvolvimento e manutenção dos sistemas, visando minimizar a possibilidade da organização incorrer em decisões inadequadas, gerando custos classificados como desnecessários, além de possíveis impactos negativos para o negócio.

A Política de Segurança deve fazer com que a metodologia seja a referência para qualquer atividade de desenvolvimento de sistemas e suas respectivas manutenções, de qualquer natureza.

O conteúdo da metodologia deve garantir que eventuais escolhas de soluções sejam efetuadas por critérios adequados que preservem a segurança da informação.

A decisão da realização do desenvolvimento de sistemas de forma interna ou externa está atrelada a diversos fatores, tais como o nível de especialização da organização, a existência de disponibilidade de opções no mercado e o custo benefício de tais alternativas.

Sendo assim, torna-se muito importante para a política estabelecer os parâmetros de segurança que devem ser considerados no desenvolvimento ou na aquisição de sistemas.

No processo de desenvolvimento de sistemas, os riscos inerentes podem ser minimizados, pelos menos, com a realização das seguintes ações:

- Detalhamento na política dos requerimentos de segurança que os sistemas devem atender obrigatoriamente;
- Atualização da documentação do sistema e armazenamento em local seguro e controlado;
- Utilização de trilhas de auditoria nas transações de negócio efetuadas pelos usuários e nos acessos aos códigos-fonte;
- Uso de criptografia de senhas;
- Utilização de interfaces automatizadas entre sistemas objetivando evitar transações incorretas;
- Segregação de funções;
- Não permitir o acesso de usuários diretamente ao banco de dados de produção;
- Controlar os acessos aos códigos-fonte visando evitar versões fraudulentas.

Conteúdo mínimo da metodologia

Ela deve ser capaz de abranger todos os sistemas da organização de forma a estabelecer formalmente os meios de documentação, análise, aprovação, desenvolvimento e homologação. Devem-se contemplar, pelo menos, os seguintes aspectos:

- Identificação dos recursos internos e externos;

- Relacionamento com o usuário final para entendimento dos requisitos funcionais e do ambiente;

- Definição do banco de dados (incluindo modelo de dados) e da linguagem de desenvolvimento;

- Meios para a definição dos ambientes, das estruturas de dados, das interfaces entre sistemas;

- Formatação e procedimento para a documentação das estruturas de dados, codificação, módulos e programas;

- Critérios para a codificação das rotinas;

- Procedimento de testes: planejar e realizar testes estabelecendo-os previamente e seus respectivos cenários, com sua descrição e documentos necessários para a execução;

- Homologação: revisão dos procedimentos, preparação do ambiente, simulação e aprovação do sistema;

- Aspectos de treinamento;

- Pós-implantação: avaliação de resultados e encerramento.

5.13.2 Segregação de funções

A segregação de funções é uma das formas de aumentar significativamente a segurança em um processo. Seu objetivo é separar responsabilidades e atividades, sejam elas executadas por áreas, sejam pessoas. Segregar funções minimiza a probabilidade de ocorrência de atos de má fé ou erros operacionais.

A política de segurança deve fornecer diretrizes para a criação de mecanismos capazes de proteger toda informação crítica, estabelecendo controles automatizados para que a informação seja segregada.

Para tanto, a área de Segurança da Informação deve restringir o acesso de usuários a atividades críticas quando necessário, implementando controles lógicos e físicos de acesso. Não se deve realizar a concessão total de acesso a um único usuário, possibilitando controle completo sobre uma atividade dentro do mesmo ciclo operacional de negócios, como por exemplo, ciclo de receitas.

A elaboração de documentos é fundamental para o gerenciamento adequado da segregação de funções, junto com a adequada e criteriosa concessão de acesso.

É necessária a revisão periódica dos perfis de acesso dos usuários para que estes permaneçam adequados e atualizados.

5.13.3 Segregação de ambientes

A existência da segregação entre os ambientes minimiza a possibilidade de incidentes que possam colocar em risco a integridade, confidencialidade e a disponibilidade das informações.

Os ambientes devem ser segregados para o uso dos desenvolvedores durante a codificação dos sistemas, para os usuários efetuarem seus testes para a homologação e finalmente, para o ambiente de produção, onde as versões finais estarão em funcionamento.

O estabelecimento de ambientes segregados para testes, homologação e produção, deve inibir o acesso de programadores no ambiente de produção, reduzindo o risco de mau uso acidental ou deliberado das informações e sistemas, assegurando que modificações não ocorram de forma parcial ou total nos códigos dos sistemas.

A possibilidade de acesso dos desenvolvedores ou usuários ao ambiente de produção aumenta o risco da ocorrência de atos maliciosos provenientes de fraudes contra a organização.

As melhores práticas de mercado aconselham diversos controles que podem ser implementados. No entanto, deve-se vencer a barreira da falta de conscientização dos gestores de TI e de negócio que, em nome da urgência, acabam por permitir que as exceções ocorram.

Os principais controles que devem ser especificados na política são:

- Segregação lógica e física dos ambientes de desenvolvimento, homologação e produção;
- Não utilizar editores de código-fonte no ambiente de produção;
- Utilizar senhas e nomes de usuários distintos com o uso de telas que diferenciem e identifiquem os ambientes;
- Possuir, para a equipe de suporte, usuários e senhas distintas e específicas para cada ambiente;
- Proibir alterações no ambiente de produção sem a utilização de novos pacotes de arquivos (versão);
- Proibir o acesso direto à base de dados, utilizando sempre uma aplicação e/ou sistema para realizar qualquer tipo de transação no banco de dados.

A aquisição, o desenvolvimento e a manutenção de sistemas de informação devem ser considerados no contexto dos planejamentos de TI de médio e longo prazo. A metodologia de desenvolvimento, assim como todos os processos desta cadeia produtiva, devem traduzir o planejamento de TI em ações.

5.13.4 Gerenciamento de mudanças

A política de segurança deve assegurar que a organização implementará uma gerência de mudanças no ambiente, capaz de prover padronização e controle para gerir toda alteração no ambiente de produção, minimizando o risco de alterações inadequadas que resultem em impactos negativos para o negócio.

Tais controles devem assegurar a gestão de TI, que todas as solicitações de alterações, manutenção pela equipe interna e pelos fornecedores sigam o mesmo padrão formal, havendo uma correta categorização de sua origem (demandas de clientes internos, manutenções de infra-estrutura provenientes de incidentes, problemas, etc.).

As alterações emergênciais devem ter critérios que agilizem sua realização, mas em hipótese alguma devem abandonar as aprovações formais.

A organização deve considerar uma integração do processo de mudança com a distribuição de software. Nada deve alterar a produção sem o devido registro no sistema de gerenciamento de configuração. Neste caso a possibilidade de automação deve ser considerada, de forma a suportar o registro e a trilha das mudanças efetuadas.

A nova geração de auditorias está verificando se todos os arquivos em produção estão suportados por mudanças autorizadas, checando sua origem. O processo de gerenciamento de mudanças deve prover pelo menos as seguintes atividades de controle:

- Análise de impacto: Definição de critérios formais para a avaliação do impacto, assegurando que o ambiente onde estão localizados os sistemas operacionais e aplicativos seja preservado, impossibilitando que o negócio seja afetado;
- Segregação de ambientes: Utilização de ambientes segregados para realização de testes, homologação das versões e produção, proibindo o acesso de desenvolvedores na produção, com o objetivo de minimizar o risco de mau uso acidental ou deliberado das informações e sistemas;
- Aprovação: Assegurar que todas as alterações sejam autorizadas pelas áreas impactadas (negócio e TI);
- Os solicitantes das mudanças/alterações devem ser mantidos informados sobre o status de suas solicitações;
- Para toda mudança nos sistemas implementada, os respectivos procedimentos de documentação devem ser atualizados;
- Garantir que todo o profissional envolvido na manutenção do ambiente tenha perfil designado e registrado e que suas atividades sejam monitoradas;
- Assegurar que as versões de software sejam regidas por procedimentos formais.

5.14 Segurança na administração, aquisição e uso de hardware e software

Toda aquisição/utilização de hardware e software efetuada na organização deve ser orientada por uma política clara, consistente e abrangente, possibilitando à organização, resultados imediatos e impedindo qualquer penalidade pela lei de software em vigor.

Os passos básicos que devem ser considerados para garantir a segurança na administração, aquisição e uso de hardware e software são:

- Estabelecer responsáveis formais pela compra;
- Criar um meio único de entrada na organização, evitando assim, a utilização de produtos não homologados;
- Desenvolver uma área capacitada para a homologação;
- Estabelecer o padrão de hardware e software a ser utilizado;
- Desenvolver um procedimento de atualização de software;
- Estabelecer um procedimento de avaliação para a tomada de conhecimento sobre os processos de licenciamento de cada software;
- Emitir padrões para o procedimento de aquisição de software;
- Criar medidas disciplinares para os colaboradores que violarem as políticas e procedimentos vigentes e divulgados;
- Manter evidências sobre a propriedade de licenças em qualquer tipo de mídia (papel, manual, etc.);
- Estabelecer um fluxo e critérios para o descarte de hardware e software, assegurando a maximização do uso dos recursos;
- Criar controles e procedimentos capazes de garantir que não haverá descontrole com relação à quantidade de softwares instalados versus a quantidade de softwares adquiridos;

- Desenvolver a cultura e definir regras para repúdio ao uso de cópias não autorizadas de software (conhecida como pirataria) nos computadores da organização.

5.14.1 Regras para aquisição, instalação e manuseio de hardware e software

Devem ser estabelecidas regras para a aquisição, a instalação e o manuseio de hardware e software. Abaixo listamos as principais regras para tal objetivo que devem fazer parte da política:

- Todas as compras devem ser avaliadas e aprovadas pela área de Tecnologia de Informação;

- Deve ser proibido aos usuários, a instalação de softwares em suas estações de trabalho. Tal serviço deve ser efetuado pela área de Tecnologia de Informação;

- Todas as estações de trabalho devem possuir os softwares previamente estabelecidos formalmente pela organização;

- Todo software adquirido deve ser discriminado na nota fiscal do fornecedor;

- As mídias de instalação devem ser armazenadas em locais seguros de forma a restringir o acesso somente o pessoal autorizado. Os acessos concedidos devem estar baseados em solicitações formais;

- Devem ser cumpridas as instruções e restrições descritas pelo contrato de licença do software.

5.14.2 Gerenciamento de licenças instaladas e adquiridas

Deve haver um procedimento de reconciliação entre a quantidade de licenças adquiridas e a quantidade de licenças em uso, visando a apuração de eventuais inconsistências. Deve-se adotar na política pelo menos os procedimentos abaixo listados:

- Realizar auditoria periódica nas estações de trabalho de forma a verificar se as informações descritas no inventário de software estão atualizadas;

- Manter o inventário de licenças de software atualizado;

- Determinar que um profissional ou uma área sejam responsáveis pelo inventário dentro da estrutura de TI;

- Assegurar nos procedimentos que os equipamentos (hardware de TI) que estejam em manutenção também sofram auditoria e sejam considerados nas conciliações;

- Desenvolver campanha de conscientização dos usuários, garantindo que o sucesso do controle esteja assegurado também pela atitude próativa dos usuários.

5.14.3 Manutenção e testes de hardware e software

Conforme a norma NBR ISO/IEC 27002:2005, deve existir um procedimento capaz de fornecer manutenção dos equipamentos, objetivando garantir a continuidade da disponibilidade e da integridade do hardware e software em uso, preservando assim a informação gerada ou mantida. Deve-se garantir que a política contemple, ao menos, os seguintes aspectos:

- Garantir que as observações realizadas pelo fabricante quanto às suas especificações sejam respeitadas, considerando os meios de uso do hardware e software, tais como o balanceamento das cargas;

- No caso de obtenção de serviços de manutenção realizados por terceiros, assegurar que as estações e notebooks tenham os seus dados resguardados, devendo considerar que eles devem possuir cópia de *backup*;

- Em qualquer situação de manutenção externa retirar os respectivos discos rígidos;

- Deve-se incluir no procedimento a revisão dos requisitos de apólice de seguro, quando aplicáveis;

- Assegurar que não haverá exposição de informações na reutilização, sendo necessário o uso de dispositivos específicos para destruir fisicamente ou sobrescrever os dados de forma segura ao invés do uso das funções padrões do sistema operacional para a exclusão dos dados (Delete, Format, FDisk).

5.15 Segurança e tratamento de mídias

Para as informações contidas em computadores, discos e outros equipamentos que serão descartados ou transferidos para outros usos, deve-se assegurar que elas serão definitivamente destruídas, sem risco de comprometer a confidencialidade.

Conseqüentemente, a organização deve possuir procedimentos específicos para orientar todo o tratamento das mídias. Deve-se definir como mídia todo recurso capaz de armazenar informações.

5.15.1 Descarte, reutilização e formatação de mídias

O procedimento a ser elaborado deve abranger pelo menos as seguintes fases:

- **Classificação:** agrupamento das mídias que apresentam defeito durante a utilização ou possuem prazo de validade vencidos. Devem ser separadas fisicamente especificando data, conteúdo e descrição para a seleção.

- **Definir o destino:** após serem classificadas, as mídias poderão ter os seguintes destinos:

  - *Descartar:* as mídias, independentemente da plataforma, devem ser formatadas com um produto utilitário específico que impossibilite definitivamente a recuperação dos dados. A ação para a destruição física poderá ser triturar, fragmentar ou reciclar.

  - *Reutilizar:* As mídias devem ser formatadas com um produto utilitário específico que impossibilite a recuperação dos dados.

5.15.2 Transporte de mídias

O transporte de mídias também apresenta um risco alto para a manutenção e a preservação das informações. É necessário definir nas políticas os seguintes requisitos mínimos para tal processo:

- Relação formal, por meio de contratos, com os portadores;
- Recipientes lacrados;
- Escolta armada por segurança patrimonial;
- Monitoração do veículo por satélite;
- Utilização de senhas, criptografia e assinatura digital.

5.16 Divulgação de informações ao público

Para atender questões legais, as organizações necessitam divulgar suas informações ao público e ao mercado em geral. Para realizar essa atividade, é necessário estabelecer procedimentos e critérios na política de segurança.

A organização deve ter estabelecido os seguintes critérios:

- As divulgações públicas, sobre aspectos financeiros, não devem conter nenhuma informação duvidosa ou que não seja a absoluta verdade;
- Os relatórios financeiros devem apresentar acertadamente todos os itens considerados relevantes.

A precisão na divulgação contribui ao adequado conhecimento do público e interessados em geral, confortando a todos para possíveis decisões, principalmente de acionistas, investidores e mercado de modo geral.

A credibilidade da organização é um dos ativos mais importantes, sendo que sua perda ou depreciação pode ser irrecuperável.

6
CONFORMIDADE

A organização deve cumprir as leis e normas que regulamentam os aspectos de propriedade intelectual e as atividades em seu segmento de mercado.

O projeto, a operação, o uso e a gestão de sistemas de informação estão sujeitos aos requerimentos legais, além de normas e requisitos de segurança contratuais. Os controles específicos destinados a atendê-los devem ser definidos e documentados na política.

A utilização indevida das informações, inclusive o acesso, pode acarretar sanções legais à organização, sendo responsáveis civil e criminalmente os autores da ação (funcionários, contratados e etc.).

A norma NBR ISO/IEC 27002:2005 sugere que uma consultoria especializada seja envolvida, a fim de auxiliar no entendimento de tais requerimentos particulares, em cada organização.

6.1 Direitos autorais

Controles específicos devem ser implementados para assegurar o direito de propriedade intelectual. A organização deve inibir qualquer infração a patentes ou marcas, inclusive com relação a contratos com fornecedores, que podem utilizar metodologias próprias para a execução de serviços.

Recomendamos que as políticas indiquem a implementação de procedimentos apropriados para assegurar a conformidade com as restrições legais no uso de qualquer material de acordo com leis de propriedade intelectual, por exemplo, as de direitos autorais, patentes ou marcas registradas.

6.2 Requisitos legais

Estar em conformidade com as leis é uma obrigação de qualquer organização. As políticas devem estabelecer controles capazes de assegurar que eventuais riscos inerentes aos requerimentos legais não sejam materializados e por conseqüência, exponham a organização. Tais controles devem estender-se também aos contratos estabelecidos com fornecedores e parceiros.

A organização deve possuir profissionais responsáveis pela verificação dos eventuais requisitos legais. Tal ação deve possuir auxílio de profissionais com formação em direito, administradores, contadores, tributação e consultorias especializadas em áreas de negócios específicas.

Os registros das atividades diárias da organização devem ser armazenados de forma segura para atender a normas, assim como, apoiar as atividades essenciais do negócio. O período de tempo e o conteúdo dessa informação provavelmente serão definidos por meio de leis.

6.3 Sarbanes-Oxley, Resolução 3.380 do BACEN e Basiléia II

Dependendo do porte da companhia e do setor em que ela atua, o não cumprimento das normas, exigências e regulamentos ditados pela Lei Sarbanes-Oxley, pela Resolução 3.380, ou pelo acordo da Basiléia II, pode até levar à inoperância da corporação.

As normas e regulamentos estão acompanhando uma tendência global irreversível em possuir uma Governança Corporativa, ou seja, um conjunto de melhores práticas em que transparência, risco e segurança são as principais palavras.

Sarbanes-Oxley

O ato Sarbanes-Oxley, elaborado pelo senador americano Paul Sarbanes e o representante Michael Oxley, tornou-se lei em 30 de julho de 2002 e introduziu mudanças significativas à governança corporativa e ao cenário financeiro, visando "proteger os investidores através da melhoria dos processos que geram as demonstrações financeiras".

Foi criada para aperfeiçoar os controles internos financeiros das organizações que possuem ações na Bolsa de Nova York *(New York Stock Exchange)*. Esta lei, que também atinge empresas brasileiras, veio em decorrência dos escândalos financeiros das empresas Enron, Worldcom e outras, que acabaram com as economias pessoais de muitos norte-americanos.

A SOX, como é conhecida, prevê multas que variam de US$ 1 milhão a US$ 5 milhões e penas de reclusão entre 10 e 20 anos para seus executivos, CEOs (Chief Executive Officer), CFOs (Chief Finance Officer) e outros demais envolvidos.

O principal objetivo da lei é estimular as organizações a buscarem mais eficiência na Governança Corporativa, o que também depende de um gerenciamento de riscos bem-sucedido. Além de garantir maior controle com as contas das organizações, a lei também contribuiu para as companhias acelerarem seus processos de gestão de riscos corporativos.

A SOX está organizada em 11 partes, cada qual contendo um número de seções. As seções consideradas mais significativas da SOX com relação à conformidade e controles internos são: 302, 404 (mais visada), 401, 409, 802 e 906.

A partir desta lei, os Executivos Financeiros têm de assinar os relatórios financeiros da empresa. Também, significa que atestam a veracidade das informações pessoalmente, ou seja, podem pagar até mesmo com o patrimônio pessoal se forem descobertas irregularidades – FRAUDES.

Cada vez mais os sistemas de TI estão automatizando as atividades de negócio e fornecendo mais funcionalidade que permitem ter maior ou menor controle. Conseqüentemente, há necessidade de incluir controles de TI para os sistemas financeiros existentes.

Resumidamente, os executivos têm os seguintes desafios:

- Aprimorar o seu conhecimento sobre controles internos;
- Entender como estar em conformidade com a SOX;

- Desenvolver um plano específico de conformidade para aprimoramento dos controles internos de TI;
- Integrar este plano à estratégia da organização;
- Entender o programa de controles internos da organização e o processo de demonstrações financeiras;
- Mapear os sistemas de TI que suportam o processo de reporte financeiro para elaboração das demonstrações e os controles internos;
- Identificar os riscos relacionados a estes sistemas;
- Desenhar e implementar controles para minimizar os riscos identificados e monitorá-los continuamente;
- Documentar e testar os controles de TI;
- Assegurar que os controles de TI estejam atualizados e sejam alterados quando necessário.

O tema segurança da informação foi amplamente beneficiado com o advento SOX, pois muitos dos requisitos de segurança, que antes não eram justificados, em virtude da lei conseguiram sua respectiva aprovação orçamentária, além da priorização de execução.

A seguir, elaboramos uma breve descrição das principais seções e requerimentos estabelecidos pela lei:

- **Seção 302**
    - Reflete todos os itens materiais relativos à posição financeira da organização, efetuando a avaliação da eficácia dos controles internos pertinentes as divulgações financeiras.

- **Seção 404**
    - Preparação do relatório anual da gerência e parecer do auditor externo relativos à eficácia dos processos e controles internos dos relatórios financeiros.

Necessidades requeridas pela Lei

- Implementar processos para certificação e testes dos controles internos, preparação dos relatórios gerenciais e revisão pelos auditores externos.
- Criar um comitê de divulgação.
- Identificar e documentar todas as transações não registradas em balanço e informações pró-forma.

Tipos de Atividades de Controles

Para a SOX ou não, há diversos tipos de atividades de controles que podem ser implementadas em um processo. É verdade que tais implementações foram claramente especificadas em virtude da necessidade de conformidade. Abaixo segue relação dos tipos de atividades de controles que podem existir em um processo:

- **Preventivos:** é o tipo de controle mais adequado, pois atua antes do ocorrido, minimizando a possibilidade de um erro ou de ações de má-fé; (vide complementação no capítulo de "Gerenciamento de Riscos em Segurança da Informação");
- **Detectivos:** atuam após o fato consumado, entretanto, demonstram ainda em tempo oportuno os eventos ocorridos, permitindo assim a correção. Um exemplo claro são os relatórios de violação de segurança; (vide complementação no capítulo de "Gerenciamento de Riscos em Segurança da Informação");
- **Diretivos:** são controles para incremento do desejo de realizar corretamente as atividades, como por exemplo, premiações;
- **Compensatório:** são os controles que minimizam a falta de um determinado controle-chave (primário) no processo, como por exemplo, os processos de revisão.

Walkthrough em Processos e Controles

A realização de Walkthrough (WT) consiste no acompanhamento de uma transação por todos os controles existentes dentro de um processo. Entretanto, para início desta atividade recomenda-se um levantamento inicial para entendimento e identificação dos controles existentes, mapeando em quais partes dos processos temos a existência destes controles.

Na realização do WT devem-se avaliar as atividades de controle que agrupadas ou associadas atendem adequadamente (parcial ou completamente) os anseios do objetivo de controle.

Testes de Desenho

Os testes de desenhos são práticas que visam avaliar a qualidade do controle em sua concepção. Para tal avaliação utilizam-se, pelos menos, as seguintes técnicas:

- **Indagação:** entrevistas com os profissionais que executam as atividades de controle, e neste caso utiliza-se muito da experiência do avaliador;
- **Observação:** verificação da execução das atividades de controle;
- **Inspeção:** revisão dos documentos associados às atividades de controle;
- **Re-execução:** repetição da execução das atividades de controle. Esta técnica é pouco utilizada em auditorias externas, pois requer tempo e treinamento.

Para realização dos testes de desenho, se faz necessária uma adequada identificação da atividade de controle no processo, associar a mesma a um objetivo de controle que se deseja avaliar e elaborar os procedimentos que o avaliador irá utilizar para executar o teste de desenho.

Testes de Efetividade

Os testes de efetividade são diferentes dos testes de desenho, pois são realizados com base em uma amostra e com o objetivo de avaliar a efetividade da atividade de controle.

Apenas se realiza o teste de efetividade para os casos onde a avaliação do desenho do controle foi eficaz. Para os casos onde o teste de desenho se deu como ineficaz, deve-se corrigir o *gap* redesenhando o controle para posteriormente realizar o teste de efetividade.

Com base nas amostras selecionadas deve-se conseguir avaliar a efetividade da atividade de controle. Os testes de efetividade devem demonstrar claramente o critério de seleção de amostras, o período de seleção e a descrição dos procedimentos para avaliação.

A seleção de amostras deve seguir critérios conforme a periodicidade do controle, sendo realizada a seleção de acordo com a quantidade de evidências produzidas que possam dar conforto ao avaliador.

Matriz de Riscos e Controles

As atividades de controles devem estar documentadas em um documento único, relacionando a mesma com todos os documentos que as tornam formais na organização, tais como processos, procedimentos, políticas e demais documentos que variam em cada organização.

O conteúdo mínimo de uma matriz de riscos e controles de TI deve possuir as seguintes informações:

- **Processo CobiT:** Demonstra qual é o processo deste *framework* que a atividade de controle esta associada;
- **Documento:** Neste campo deve haver a menção ao documento em que a atividade de controle esta formalizada; pode ser um processo, um procedimento, uma política e demais documentos;
- **Objetivo de controle CobiT**: Descrição do respectivo objetivo de controle;
- **Risco:** Descrição do risco associado à atividade de controle;
- **Atividade de Controle:** Descrição da atividade de controle;
- **Campos de Classificação:** Toda atividade de controle deve ser classificada entre manual / automática, preventiva / detectiva e sua respectiva freqüência.

Resolução 3.380

Mantida pelo Conselho Monetário Nacional, a Resolução 3.380 estabelece a implementação de uma estrutura de gerenciamento de risco operacional em todas as instituições financeiras e as demais autorizadas a funcionar pelo Banco Central do Brasil.

Neste documento, define-se como risco operacional a possibilidade da ocorrência de perdas resultantes de falha, deficiência ou inadequação de processos, pessoas e sistemas (já não lemos algo parecido neste livro? Pessoas, Processos e Tecnologias).

Entre os fatores de risco operacional estão as fraudes internas e externas, as demandas trabalhistas, os danos que levam a paralisação das atividades da instituição, as falhas em sistemas de TI, cumprimento de prazos, e gerenciamento das atividades na instituição.

RESOLUÇÃO 3.380	
Quando?	O que foi feito? O que ainda há para fazer?
31 de dezembro de 2006	Indicação do diretor responsável e definição da estrutura organizacional que tornará efetiva sua implementação.
30 de junho de 2007	Definição da **política institucional**, dos processos, dos procedimentos e dos sistemas necessários à sua efetiva implementação.
31 de dezembro de 2007	Efetiva implementação da estrutura de gerenciamento de risco operacional, incluindo os itens previstos no art. 3º, incisos III a VII *.

* Artigo 3º - A estrutura do gerenciamento do risco operacional deve prever:

III: elaboração, com periodicidade mínima anual, de relatórios que permitam a identificação e correção tempestiva das deficiências de controle e de gerenciamento do risco operacional;

IV: realização, com periodicidade mínima anual, de testes de avaliação dos sistemas de controle de riscos operacionais implementados;

V: elaboração e disseminação da política de gerenciamento de risco operacional ao pessoal da instituição, em seus diversos níveis, estabelecendo papéis e responsabilidades, bem como as dos prestadores de serviços terceirizados;

VI: existência de plano de contingência contendo as estratégias a serem adotadas para assegurar condições de continuidade das atividades e para limitar graves perdas decorrentes de risco operacional;

VII: implementação, manutenção e divulgação de processo estruturado de comunicação e informação.

Basiléia II

São normas que devem ser adotadas para a nova estrutura de capital dos bancos. Seu objetivo é estabelecer critérios mais adequados com o nível de risco associado às operações conduzidas pelas instituições financeiras, observando como tais diretrizes se adaptam aos estágios de desenvolvimento do mercado brasileiro.

As normas seguem as recomendações contidas no documento "Convergência Internacional de Mensuração e Padrões de Capital: Uma Estrutura Revisada".

BASILÉIA II

Quando?	O que foi feito? O que ainda há para fazer?
Até o final de 2005	• Revisão dos requerimentos de capital para risco de crédito para adoção da abordagem simplificada. • Introdução de parcelas de requerimento de capital para risco de mercado, ainda não contempladas pela regulamentação. • Desenvolvimento de estudos de impacto de mercado para as abordagens mais simples previstas em Basiléia II para risco operacional.
Até o final de 2007	• Estabelecimento de critérios de elegibilidade para adoção de modelos internos para risco de mercado. • Planejamento de validação desses modelos. • Estabelecimento dos critérios de elegibilidade para implementação da abordagem baseada em classificações internas para risco de crédito. • Estabelecimento de requerimento de capital para risco operacional (abordagem do indicador básico ou abordagem padronizada alternativa).

2008 – 2009	• Validação de modelos internos para risco de mercado. • Estabelecimento de cronograma de validação da abordagem baseada em classificações internas para risco de crédito. • Início do processo de validação dos sistemas de classificação interna para risco e crédito. • Divulgação dos critérios para reconhecimento de modelos internos para risco operacional.
2009 - 2010	• Validação dos sistemas de classificação interna pela abordagem avançada para risco de crédito. • Estabelecimento de cronograma de validação para abordagem avançada de risco operacional.
2010 – 2011	• Validação de metodologias internas de apuração e requerimento de capital para risco operacional.

7

PENALIDADES E PROCESSOS DISCIPLINARES

Atualmente, há uma grande preocupação quanto à utilização inadequada da Tecnologia de Informação e Comunicação. Os casos mais comuns são: utilização de páginas Web para difamar ou caluniar alguém, e-mails com informações falsas, fraudes eletrônicas, incidentes de segurança, plágio e outras modalidades.

Quantos profissionais têm o costume de bloquear sua estação de trabalho quando saem de perto dela? Ou ainda, "emprestam" sua senha para um colega acessar a Internet, fazendo do computador pessoal o "computador do pessoal"? Quem nunca recebeu um e-mail em nome de uma grande empresa com a frase "clique aqui"?

Nenhuma Política de Segurança pode ser estabelecida sem considerar as penalidades e os processos disciplinares.

Os executivos devem demonstrar que punições severas serão aplicadas aos colaboradores da organização (estagiários, prestadores de serviço, funcionários etc.) que desrespeitarem ou violarem as políticas internas. Essa severidade será determinada em função do grau de problemas/prejuízos atribuídos à organização. Pode-se simplesmente mudar as atividades realizadas por um determinado profissional e, em casos graves, realizar sua demissão e aplicar as sanções legais.

O principal objetivo de estabelecer punições pelo não cumprimento da política é incentivar os usuários a aderirem a ela e também dar respaldo jurídico à organização.

Qualquer violação deve ser imediatamente levada ao conhecimento da Alta Administração. A área de Segurança da Informação, bem como os responsáveis pelas áreas de negócio, devem assegurar que o problema da violação foi resolvido e executar as ações necessárias para evitar reincidências.

7.1 Procedimentos em casos de violações

A própria Política de Segurança deve prever os procedimentos a serem adotados para cada caso de violação, de acordo com sua severidade, amplitude e tipo de infrator que a executa. A punição pode ser desde uma simples advertência verbal ou escrita até uma ação judicial.

Atualmente, existem leis e jurisprudências que prevêem penas para os casos de:

- Violação de integridade e quebra de sigilo de sistemas informatizados ou bancos de dados;

- Inserção de dados falsos em sistemas de informação;

- Modificação ou alteração não autorizada de sistemas;

- Divulgação de informações sigilosas ou reservadas;

- Fornecimento ou empréstimo de senha que possibilite o acesso de pessoas não autorizadas a sistemas de informações.

Fica ainda mais evidente a importância da conscientização dos funcionários quanto à Política de Segurança da Informação. Uma vez que a Política seja de conhecimento de todos, não será admissível que as pessoas aleguem o desconhecimento das regras nela estabelecidas a fim de se livrar da culpa sobre as violações cometidas.

Quando detectada uma violação, é preciso averiguar suas causas, conseqüências e circunstâncias nas quais ocorreu. Pode ter sido derivada de um simples acidente, erro ou mesmo desconhecimento da política, como também de negligência, ação deliberada e fraudulenta. Essa averiguação possibilita que as vulnerabilidades até então desconhecidas pelo pessoal da gerência de segurança passem a ser consideradas, exigindo, se for o caso, alterações nas políticas.

Exemplificam-se no quadro a seguir algumas das infrações puníveis pelos termos da lei:

INFRAÇÕES PUNÍVEIS PELOS TERMOS DA LEI

Encaminhar para várias pessoas mensagem contendo um boato eletrônico	Difamação	Artigo 139 do Código Penal
Enviar uma mensagem para terceiros com informação considerada confidencial	Divulgação de segredo	Artigo 153 do Código Penal
Enviar um vírus que comprometa equipamento ou conteúdo de terceiros	Dano	Artigo 163 do Código Penal
Copiar um conteúdo e não mencionar a fonte, baixar arquivos de mídia (MP3, MPEG, entre outros) que não possua controle de direitos autorais	Violação ao direito autoral	Artigo 184 do Código Penal
Enviar mensagem de correio eletrônico com remetente falso (spam)	Falsa identidade	Artigo 307 do Código Penal
Fazer cadastro com nome ou informações falsas em páginas diversas na Internet	Inserção de dados falsos em sistema de informações	Artigo 313-A do Código Penal
Entrar em rede corporativa e alterar informações (mesmo que com uso de um software) sem autorização prévia	Adulterar dados em sistema de informações	Artigo 313-B do Código Penal
Participar de jogos de azar via Internet (exemplo Cassino Online)	Jogo de azar	Artigo 50 da Lei de Contravenções Penais
Ver ou enviar fotos de crianças e menores de 18 anos nus, através da Internet	Pedofilia	Artigo 247 da Lei 8.069/90 "Estatuto da Criança e do Adolescente"
Usar logomarca de empresa em mensagem de correio eletrônico, documentos, propostas ou contratos sem autorização do titular, no todo ou em parte, ou mitá-la de modo que possa induzir a confusão.	Crime contra a propriedade industrial	Artigo 195 da Lei 9.279/96

Uso de mecanismos (softwares ou ferramentas diversas) para coleta de informações sem autorização prévia	Interceptação de comunicações de informática	Artigo 10 da Lei 9.296/96
Usar cópia de software sem ter a licença para tanto	Crimes Contra Software "Pirataria"	Artigo 12 da Lei 9.609/98

8
Manutenção da Política

Este capítulo, que trata da manutenção da Política de Segurança, aborda os critérios pertinentes à sua aceitação pelos usuários, teste e revisão.

Recomendamos especificar procedimentos ou uma metodologia formal para a manutenção periódica e aprovação das políticas de forma a mantê-los atualizados frente a novas tendências, tecnologias e acontecimentos.

O intervalo médio utilizado para a revisão da política é de seis meses ou um ano, porém deve ser realizada uma revisão sempre que forem identificados fatos novos, não previstos na versão atual que possam ter impacto na segurança das informações da organização.

Adicionalmente, os demais comitês internos envolvidos, gestores de negócio, Tecnologia e Segurança da Informação devem estar atentos às modificações na estrutura da organização que possam eventualmente ter impacto na política e em seus procedimentos.

O processo de revisão deve abranger:

- Eventuais riscos identificados;

- Alterações na legislação do negócio;

- Incidentes de segurança;

- Vulnerabilidades encontradas;

- Alterações na estrutura organizacional; e

- Tendências do mercado.

9
GERENCIAMENTO DE RISCOS EM SEGURANÇA DA INFORMAÇÃO

Este capítulo abrange os passos importantes para a identificação, o tratamento e o monitoramento contínuo dos riscos associados à Segurança da Informação e controles internos, base importante para elaboração e direcionamento do conteúdo da Política de Segurança da Informação.

Não pretendemos listar os diversos riscos associados aos aspectos de negócio, mas prover ajuda na preparação de um sistema de gestão de riscos dentro de sua organização, à luz da implementação de uma Política.

A pró-atividade das organizações no tratamento dos riscos vem ao longo do tempo demonstrando cada vez mais que a minimização das ameaças e incertezas se torna mais efetiva com a antecipação aos problemas.

Realizar um diagnóstico de riscos periodicamente com o apoio de consultorias e eventuais *benchmarkings* com o mercado vem demonstrando resultados muito efetivos. As organizações já percebem que a existência de riscos, sem o devido tratamento, são prejudiciais aos resultados, uma vez que sua ocorrência podem afetar as operações de negócio.

Os riscos podem ter conseqüências que podem variar da mais impactante para a menos significante, entretanto, nenhum risco pode ser negligenciado, mesmo que a decisão final seja de aceitá-lo.

Alguns fatores externos podem influenciar a operacionalização da gestão de riscos, tais como:

- **Econômicos:** fatos relacionados à competição, movimentos de mercado, condições macro ou micro-econômicas;
- **Ambientais:** situações relacionadas a desastres naturais;
- **Políticos:** cenário político do país, guerra, terrorismo, nova legislação, ditadura, etc.;
- **Tecnológicos:** evolução da tecnologia que impacte em mudança de processos e/ou cultura, deficiências na geração das informações ou a adequação das modificações necessárias nos sistemas de informação;

- **Infra-estrutura:** custos inesperados de evolução, manutenção, ou incapacidade dos equipamentos suprirem a demanda;

- **Pessoas:** aumento no número de acidentes pessoais, erros humanos ou propensão a comportamentos fraudulentos;

- **Qualidade:** deficiências na cadeia produtiva dos produtos, atrasos dos serviços ou prazo de entrega.

Mas antes de nos aprofundarmos nos detalhes de um sistema ou programa de gerenciamento de riscos, também devemos alinhar os seguintes aspectos:

Conceitos

- **Gestão de Riscos:**
  - Programa que define os conceitos e práticas para monitoramento e tratamento de riscos de ambiente, sendo operacionalizado por políticas e processos;

- **Risco:**
  - Trata-se de um possível evento/ação que, se efetivado, gera um impacto negativo, em função da exploração da fraqueza/vulnerabilidade, considerando tanto a probabilidade quanto o impacto de ocorrência;

- **Impacto:**
  - Resultado ou efeito decorrente da materialização do Risco;

- **Exposição:**
  - Resultados possíveis decorrentes da ocorrência de riscos;

- **Causa:**
  - Principal fator interno ou externo que resulta em um risco;

- **Conformidade (Compliance):**
  - Cumprimento de regulamentos e normas internas e externas à organização;

- **Control Self-Assessment:**
  - Processo de diagnóstico realizado pelo próprio gestor do processo ou controle, de forma a identificar e conhecer suas fragilidades e necessidades de melhoria;

- **Controles Internos:**
  - Conjunto de atividades de controle que suportam os processos e operações da organização, criadas para garantir a efetividade das operações e eventuais regulamentos e normas internas e externas da organização;

- **Métricas:**
  - Conjunto de medidas, através dos quais a Gestão de Riscos pode ser mensurada.

Responsabilidades da Gestão de Riscos

- Definir as políticas de gestão de riscos, processos operacionais e, principalmente, a missão e os objetivos dessa gestão na organização;
- Suportar e capacitar a implementação e manutenção das políticas, processos e procedimentos de gestão de riscos;
- Identificar os riscos de forma pró-ativa e criar planos de ação para minimizá-los;
- Por meio dos planos de ação, melhorar a estrutura de controles internos composta por atividades de controle;
- Monitorar o cumprimento das políticas e procedimentos relacionados;
- Efetuar os trabalhos de diagnóstico de riscos no ambiente da organização;
- Garantir que as recomendações e sugestões apresentadas nos diagnósticos estejam sendo implementadas;
- Prever avaliações periódicas como parte do monitoramento de Controles Internos e Compliance;

- Promover, rever e efetuar a cultura de "Control Self-Assessment" por meio de revisões periódicas.

Execução da Gestão de Riscos na Organização

A organização deve realizar periodicamente trabalhos de diagnósticos do nível de riscos, sempre partindo das necessidades do negócio, observando sua materialidade nas operações.

O investimento em controles deve estar baseado em riscos que realmente representem ameaças e fraquezas potenciais as operações da organização.

Além dos trabalhos da própria área de gestão de riscos, os diagnósticos podem ser enriquecidos com os trabalhos realizados pelas áreas de inspetoria, auditoria e governança corporativa.

Estratégia de Avaliação de Riscos

A Gestão de Riscos deve estabelecer uma estratégia capaz de:

- Estabelecer o seu escopo;

- Assegurar, por meio de métodos e práticas, que a metodologia necessária para execução do trabalho de diagnóstico esteja definida; e

- Se responsabilizar pela identificação da solução de controle definitiva junto às áreas de negócio.

Tipos de Análises

Para realizar o tratamento dos riscos se faz necessária sua classificação em qualitativos ou quantitativos. Para tanto é necessário entender as variáveis que compõem os riscos, tais como:

- O valor dos ativos e se os mesmo são tangíveis e intangíveis;

- Quais as ameaças que cercam os ativos;

- Conseqüências e relacionamento entre as ameaças;
- Associação dos ativos a aspectos operacionais, de regulamentações e tecnologia.

As avaliações podem compor basicamente 3 tipos de análises: qualitativa, semi-qualitativa e quantitativa, sendo que na opinião dos autores, a primeira e a terceira são mais razoáveis para execução, embora o esforço para análise quantitativa seja enorme. Abordamos abaixo as análises qualitativa e quantitativa.

Análise qualitativa

Faz uso da percepção, por meio de entrevistas, estruturas dadas por técnicas e práticas. Podem-se utilizar cenários apresentados em escalas descritivas que expressam a magnitude da conseqüência e da probabilidade de um risco. Essas escalas podem ser adaptadas ou ajustadas às circunstâncias do trabalho. O resultado dos levantamentos deve ser cruzado com os trabalhos de avaliação de efetividade de controles.

Análise quantitativa

Esta análise deve trazer os valores financeiros no caso da materialização de um risco, como por exemplo, se um backup falhar, qual o valor da informação que estava nesta mídia. Tal análise utiliza valores numéricos em vez das escalas descritivas.

Plano de Ação sobre Riscos e Seleção de Controles

A Gestão de Riscos também tem como função a necessidade de organizar com as áreas planos de ação para minimização dos riscos por meio da implementação de controles, validando os custos e benefícios.

Os riscos podem ser aceitos, minimizados, eliminados e transferidos. Nos casos de minimização e eliminação deve-se implementar controles capazes de suportar estes riscos. Os controles devem possuir um custo/investimento inferior ao impacto financeiro que o risco proporcionar a organização.

Não é viável e não se justifica gastar $ 2,00 para proteger $ 1,00!

A implementação dos controles deve assegurar que eles irão proporcionar uma adequada prevenção e detecção dos riscos.

A aceitação de riscos é uma situação que deve ser considerada em casos onde o custo/investimento do controle é superior ao impacto financeiro que o risco pode causar.

Para tal situação é necessário que seja feita esta aceitação formalmente no nível executivo da organização.

Diagnósticos Periódicos de Riscos

As organizações no mercado atual estão em constante mutação, seja movida pela concorrência, pela necessidade de inovação de seus produtos e serviços, pelas necessidades de regulamentação, entre outras.

Baseando-se neste cenário podemos entender que os riscos podem variar de um período para outro, fechando-se, ou criando-se novos, além da variação de seu impacto, sendo assim, sua medição periódica é necessária.

9.1 Metodologia de Suporte

Para suporte a implementação da Gestão de Riscos, recomendamos o guia *"SP-800-30, Risk Management Guide for Information Technology Systems"*, do *National Institute of Standards and Technology*. Sua versão original e gratuita, em inglês, encontra-se no CD-ROM incluído na obra. Ele é de fácil compreensão e pode facilitar o aprendizado para a gestão de riscos e por conseqüência sua implementação. A seguir, o exemplificamos de forma resumida.

9.1.1 Introdução

A avaliação e análise de riscos são os primeiros passos para a gestão de riscos. As organizações utilizam estes procedimentos para determinar o nível de riscos e ameaças associadas com seus sistemas informatizados. O resultado deste processo ajuda na identificação de controles adequados para diminuir os riscos.

Para determinar a probabilidade de um evento, as ameaças existentes que cercam o ambiente de Tecnologia da Informação devem ser analisadas, bem como as vulnerabilidades potenciais e controles de segurança implementados e disponíveis.

O impacto é o resultado de um dano causado por uma ameaça que explorou uma vulnerabilidade. O nível de impacto é determinado pelos aplicativos de missão crítica da organização e seus ativos de informação afetados. A metodologia de avaliação de riscos contempla nove passos que devem ser seguidos:

- Passo 1 – Caracterização dos sistemas
- Passo 2 – Identificação das ameaças
- Passo 3 – Identificação das vulnerabilidades
- Passo 4 – Análise dos controles de segurança
- Passo 5 – Determinação da probabilidade
- Passo 6 – Análise de impacto
- Passo 7 – Determinação do risco
- Passo 8 – Recomendações dos controles de segurança
- Passo 9 – Documentação dos resultados

9.1.2 Caracterização dos sistemas

Para conduzir a avaliação de riscos em ambientes informatizados deve-se primeiramente definir seu escopo e abrangência. Neste passo, as limitações dos sistemas são identificadas por meio dos recursos e informações que os constituem. Caracterizar um sistema informatizado ajuda na definição do escopo e abrangência, delineia os limites para autorizações e fornece informações essenciais para definir o risco (ex.: hardware, software, profissionais e etc.).

As subseções a seguir descrevem as informações utilizadas para caracterizar um sistema informatizado e seu ambiente, sugerindo técnicas para obtenção de informações que podem ser utilizadas para solicitar informações relevantes do ambiente de processamento.

Informações relacionadas aos sistemas

Identificar riscos em sistemas informatizados requer uma grande compreensão do seu ambiente de processamento e de sua finalidade. Os responsáveis pela condução da avaliação de riscos devem coletar as seguintes informações relacionadas aos sistemas sob análise:

- Hardware;

- Software;

- Interfaces (internas ou externas);

- Dados e informações;

- Pessoas que fornecem suporte e utilizam os sistemas;

- Missão do sistema;

- Criticidade dos dados e sistemas (nível de proteção necessária para garantir a confidencialidade, integridade e disponibilidade dos dados).

Informações adicionais relacionadas ao ambiente operacional incluem, por exemplo:

- As necessidades funcionais dos sistemas;
- Usuários do sistema;
- Políticas de seguranças;
- Arquitetura de segurança;
- Topologia de rede;
- Recursos atuais utilizados para proteger as informações contra perda de confidencialidade, integridade e disponibilidade;
- Fluxo das informações (ex.: interfaces, entrada e saída de dados);
- Controles de segurança (ex.: produtos para identificação e autenticação, controle de acesso, auditoria, criptografia, etc.);
- Controles gerenciais (ex.: regras de comportamento, planejamento de segurança);
- Controles operacionais (ex.: segurança de pessoal, backup, planos de continuidade, contingências, manutenção dos sistemas, inclusão / exclusão de usuários e segregação de funções);
- Segurança física e ambiental.

Para um sistema que está em desenvolvimento é necessário definir regras e atributos de segurança para serem utilizados nas Políticas e Procedimentos de Segurança assim que estiver pronto. Os documentos relacionados à elaboração do sistema podem fornecer preciosas informações sobre sua segurança.

Para um sistema aplicativo que está sendo utilizado pela organização, as informações devem ser obtidas em seu ambiente de produção, incluindo configurações do sistema, conectividades e documentações relacionadas à sua utilização e procedimentos existentes. Assim, a descrição de um sistema pode ser baseada pela utilização de controles de segurança, infra-estrutura e planos de segurança.

Técnicas para obtenção de informações

Podem ser utilizadas diversas técnicas, tais como, o uso de questionários, a realização de entrevistas, a leitura e revisão da documentação existente e a utilização de ferramentas automatizadas para extração de informações.

Vale ressaltar que o processo para obtenção de informações pode ser utilizado ao longo de todo o trabalho de avaliação e análise de riscos.

Produto Final da Atividade – Definição dos sistemas informatizados analisados sobre suas limitações, funcionalidades, criticidade, sensibilidade e etc.

9.1.3 IDENTIFICAÇÃO DAS AMEAÇAS

Ameaça é a possibilidade de um invasor ou evento inesperado explorar uma vulnerabilidade de forma eficaz. Vulnerabilidade é uma fraqueza que pode ser acidentalmente utilizada ou intencionalmente explorada. Uma fonte de ameaça não representa riscos quando não existe vulnerabilidade que possa ser utilizada. Nas próximas seções, para determinação da probabilidade de uma ameaça, vamos considerar fontes de ameaças em potencial, vulnerabilidades e controles existentes.

Identificação da fonte de ameaça

A meta deste passo é a identificação efetiva das fontes de ameaças e sua formalização, destacando as ameaças potenciais que são aplicáveis ao ambiente avaliado.

Ela é definida como qualquer circunstância ou evento que pode causar danos aos sistemas informatizados. As ameaças mais comuns são as causas naturais, falhas humanas ou ambientais. Por exemplo, embora a probabilidade de inundação natural de um ambiente localizado no deserto seja baixa, deve-se considerar a ameaça do rompimento de um encanamento. Os funcionários podem ser considerados como potenciais fontes de ameaças por meio de atos intencionais devido ao seu descontentamento com a organização, ou atos não intencionais como negligência e erros.

Um ataque pode ser (i) uma tentativa maliciosa de obter acesso não autorizado a um sistema podendo comprometer a confidencialidade, integridade e disponibilidade das informações ou (ii) somente para obtenção de acesso para efetuar algum tipo de consulta ou suporte, mas burlando a segurança.

Motivação

A motivação e os recursos que podem levar a execução de um ataque fazem os funcionários serem a maior fonte de ameaças. O quadro seguinte apresenta uma avaliação das ameaças mais comuns, as principais motivações e os métodos ou ações utilizadas.

A revisão do histórico dos incidentes de segurança em sistemas (ex.: análise dos relatórios de violação de segurança, logs de acesso e atividade, entrevistas com os administradores e pessoas do suporte) podem ajudar na identificação das fontes humanas de ameaças que podem causar danos potenciais ao ambiente.

FONTES DE AMEAÇA	MOTIVAÇÃO	AÇÕES UTILIZADAS
Hacker, cracker	• Desafio • Ego • Rebeldia	• Hacking • Engenharia social • Invasão de sistemas • Acesso não autorizado aos sistemas
Criminoso de computador	• Destruição da informação • Divulgação e alteração não autorizada das informações • Retorno financeiro	• Crime por computador (espionagem) • Atos fraudulentos (interceptação de informações) • Suborno • Invasão de sistemas
Terrorista	• Chantagem • Destruição • Vingança • Exploração	• Bombas / terrorismo • Guerra de informação • Ataque aos sistemas (ex.: ataques DOS)

FONTES DE AMEAÇA	MOTIVAÇÃO	AÇÕES UTILIZADAS
Espionagem industrial (companhias, países, etc.)	• Vantagem competitiva • Espionagem	• Exploração econômica • Roubo de informações • Engenharia social • Invasão de sistemas • Acesso as informações classificadas
Funcionários da própria organização (aqueles que não recebem treinamento adequado, negligentes, desonestos e demitidos)	• Curiosidade • Ego • Inteligência • Retorno financeiro • Vingança • Erros não intencionais	• Abuso dos recursos de TI • Roubo e fraude • Inclusão de dados falsos • Interceptação • Inclusão de códigos maliciosos (ex.: vírus, cavalos de tróia) • Venda de informações • Falhas nos sistemas • Acesso não autorizado aos sistemas

Figura 21 - Fontes de ameaças

Deve ser elaborada pela organização uma lista de possíveis motivações e recursos – *Declaração de Ameaças* – que podem ser utilizados por potenciais invasores para facilitar a identificação de uma vulnerabilidade ser explorada.

A Declaração de Ameaças, ou a lista de potenciais fontes de ameaças, deve ser cuidadosamente elaborada de forma a contemplar todo o ambiente de tecnologia da informação da organização (hábitos dos usuários também devem ser contemplados para identificar ameaças).

Produto Final da Atividade – Declaração de Ameaças contendo uma lista de fontes de ameaças que podem explorar as vulnerabilidades de um determinado sistema.

9.1.4 IDENTIFICAÇÃO DAS VULNERABILIDADES

A análise de uma potencial ameaça em um sistema informatizado deve, obrigatoriamente, incluir a determinação das vulnerabilidades associadas ao seu ambiente. O objetivo desta etapa é desenvolver uma relação das vulnerabilidades do sistema (falhas ou fraquezas) que podem ser exploradas pelas potenciais fontes de ameaça.

VULNERABILIDADE	FONTES DE AMEAÇA	AÇÕES UTILIZADAS
Os User IDs dos usuários demitidos não são removidos dos sistemas	Usuários demitidos	Tentativas de acesso remoto à rede para acessar informações da organização
O Firewall aceita Telnet e os usuários do tipo convidado *(Guest)* estão ativos no servidor XYZ	Usuários não autorizados (ex.: hackers e usuários demitidos)	Utilização do Telnet no servidor XYZ utilizando o usuário do tipo convidado para coletar informações
O fabricante identificou e publicou as fraquezas de segurança relacionadas ao seu sistema aplicativo. Entretanto, os respectivos *patches* de segurança não foram aplicados	Usuários não autorizados (ex.: hackers e usuários demitidos)	Obtenção de acesso não autorizado aos sistemas e informações confidenciais, baseados na vulnerabilidade divulgada

Figura 22 - Identificação das vulnerabilidades

Fontes ou repositórios de vulnerabilidades

As vulnerabilidades, técnicas ou não, associadas com o ambiente de tecnologia da informação podem ser identificadas por meio das técnicas para obtenção de informações. Consultas a outras organizações do mesmo ramo de atividade agregam muito valor no desenvolvimento dos questionários para identificação das vulnerabilidades específicas que se aplicam ao ambiente de TI. A Internet é outra fonte de informações que disponibiliza, no próprio site do fabricante, *hot fixes*, *patches*, e outras medidas que podem ser aplicadas para diminuir ou eliminar as vulnerabilidades.

Testes de segurança dos sistemas

Os testes de segurança dos sistemas aplicativos são de grande importância para identificação das vulnerabilidades. Destacamos o uso de ferramentas automatizadas de *scanning*, a avaliação e testes detalhados de segurança, e os tradicionais e conhecidos testes de ataque e invasão.

As ferramentas automatizadas de *scanning* podem ser utilizadas em redes e / ou sistemas para identificar serviços ativos desnecessários. Entretanto, algumas das vulnerabilidades potenciais identificadas por estas ferramentas, podem não representar a situação atual do ambiente. Este tipo de teste pode resultar em falso-positivos.

As técnicas de avaliação e testes detalhados de segurança podem ser utilizadas para identificar as vulnerabilidades durante o processo de avaliação de risco. Contempla o desenvolvimento e execução de um plano de testes (ex.: procedimentos de testes e resultados esperados). A finalidade deste tipo de teste é avaliar a eficácia dos controles de segurança de um sistema informatizado. O objetivo é assegurar que os controles utilizados estão de acordo com as políticas internas da organização, bem como as melhores práticas globais em Segurança da Informação.

Os testes de ataque e invasão podem ser utilizados para complementar a revisão dos controles de segurança. Quando aplicado durante o processo de avaliação de riscos, pode ser utilizado para avaliar a capacidade de um sistema resistir um ataque em potencial.

Produto Final da Atividade – Relação das vulnerabilidades encontradas em sistemas que podem ser exploradas por potenciais fontes de ameaça.

9.1.5 Análise dos controles de segurança

O objetivo desta etapa é analisar os controles que foram, ou serão implementados, visando diminuir ou eliminar a probabilidade de incidentes de segurança.

Métodos de controle

Os controles de segurança contemplam a utilização de métodos técnicos e não técnicos. Os controles técnicos são aqueles incorporados no hardware, software ou firmware (ex.: mecanismos de controle de acesso, identificação e autenticação, criptografia). Os controles não técnicos são definidos pelas políticas de segurança em vigor, procedimentos operacionais, segurança física, de pessoal e ambiental.

Categorias de controle

As categorias de controles, sejam métodos técnicos ou não, são classificadas como:

- **Controles preventivos:** inibem tentativas de violação às políticas de segurança e incluem mecanismos avançados de controle de acesso, criptografia e autenticação; (vide complementação no capítulo de "Sarbanes-Oxley");

- **Controles detectivos:** alertam as violações, ou tentativas, das políticas de segurança e incluem trilhas de auditoria e mecanismos de detecção de intrusos; (vide complementação no capítulo de "Sarbanes-Oxley").

Técnicas para analisar os controles de segurança

Como descrito anteriormente, o desenvolvimento de *checklists* de segurança pode ser muito útil para analisar a eficácia dos controles de segurança utilizados. Entretanto, é essencial que tais *checklists* reflitam as mudanças no ambiente informatizado (ex.: mudanças nas políticas de segurança) para assegurar a exatidão dos trabalhos.

> *Produto Final da Atividade – Relação dos controles de segurança utilizados e planejados para minimizar a probabilidade de uma vulnerabilidade ser explorada visando reduzir o impacto caso ela ocorra.*

9.1.6 Determinação da probabilidade

Para determinar a probabilidade de ocorrência que uma potencial vulnerabilidade possa ser explorada, os seguintes fatores devem ser considerados:

- Motivação da fonte de ameaça;
- Natureza da vulnerabilidade;
- Existência e eficácia dos controles de segurança.

O nível da probabilidade pode ser expressado da seguinte forma:

NÍVEL	DEFINIÇÃO
Alto	A fonte de ameaça está altamente motivada e possui conhecimento suficiente para execução do ataque. Os controles de segurança para prevenir que a vulnerabilidade seja explorada são ineficazes.
Médio	A fonte de ameaça está motivada e possui conhecimento suficiente para execução do ataque. Os controles de segurança para prevenir que a vulnerabilidade seja explorada são eficazes.
Baixo	A fonte de ameaça não está altamente motivada e não possui conhecimento suficiente para execução do ataque. Os controles de segurança para prevenir que a vulnerabilidade seja explorada são eficazes.

Produto Final da Atividade – Definição do nível de probabilidade: Alto, Médio, Baixo.

9.1.7 ANÁLISE DE IMPACTO

A melhor forma para determinar o grau de risco é relacionar em detalhes quais seriam os impactos para a organização, se uma ameaça conseguir explorar uma vulnerabilidade.

Antes de iniciar uma análise de impacto é necessário ter em mãos as informações que foram levantadas na etapa de Caracterização dos Sistemas.

Estas informações podem ser obtidas por meio de sua documentação, bem como de relatórios já existentes de avaliações de impacto anteriormente realizadas. Os resultados determinam o impacto na organização caso os sistemas sejam comprometidos, baseados em avaliação qualitativa e quantitativa. Uma avaliação de criticidade identifica os principais ativos (ex.: hardware, software, sistemas, serviços e etc.) que suportam as atividades da organização.

Se estas documentações não existirem ou avaliações de impacto nunca tiverem sido realizadas, a criticidade dos sistemas pode ser determinada no nível de proteção necessária para manter a confidencialidade, integridade e disponibilidade.

Apesar dos métodos utilizados para determinar a criticidade dos sistemas e de suas informações, seus proprietários são os únicos responsáveis pela exata determinação do nível de impacto que a organização estará sujeita caso a confidencialidade, integridade e disponibilidade sejam comprometidas. Conseqüentemente, a realização de entrevistas com estes profissionais é indispensável.

Podemos concluir que, o impacto de um incidente de segurança pode ser descrito em termos de perda ou degradação de qualquer, ou combinação, das principais metas que devem ser alcançadas no contexto Segurança da Informação: confidencialidade, integridade e disponibilidade.

Alguns impactos podem ser medidos quantitativamente por meio da determinação da perda financeira e custo para realização de manutenção corretiva. Especificamos no quadro abaixo as categorias de impacto que poderão ser utilizadas:

NÍVEL	DEFINIÇÃO
Alto	• Perda significante dos principais ativos e recursos • Perda da reputação, imagem e credibilidade • Impossibilidade de continuar com as atividades de negócio
Médio	• Perda dos principais ativos e recursos • Perda da reputação, imagem e credibilidade
Baixo	• Perda de alguns dos principais ativos e recursos • Perda da reputação, imagem e credibilidade

Produto Final da Atividade – Definição do nível de impacto: Alto, Médio, Baixo.

9.1.8 Determinação do risco

O objetivo desta etapa é avaliar o nível de risco dos sistemas. A determinação do risco de uma ameaça / vulnerabilidade específica pode ser expressada da seguinte forma:

- A probabilidade de ocorrência;
- O nível de impacto causado pelo sucesso da exploração de uma vulnerabilidade;
- A eficácia dos controles de segurança existentes para minimizar o risco.

Para podermos determinar os riscos, deve ser desenvolvida uma matriz de riscos, exemplificada a seguir.

Matriz do nível de risco

A determinação do risco é obtida pela multiplicação da classificação da probabilidade de ocorrência versus o impacto na organização. Na tabela abaixo, exemplificamos como as avaliações de riscos podem ser determinadas de acordo com o conceito citado. Ela mostrará como os níveis Alto, Médio e Baixo são determinados.

PROBABILIDADE	IMPACTO		
	Baixo (10)	Médio (50)	Alto (100)
Alto (1,0)	Baixo 10 x 1,0 = 10	Médio 50 x 1,0 = 50	Alto 100 x 1,0 = 100
Médio (0,5)	Baixo 10 x 0,5 = 5	Médio 50 x 0,5 = 25	Médio 100 x 0,5 = 50
Baixo (0,1)	Baixo 10 x 0,1 = 1	Baixo 50 x 0,1 = 5	Baixo 100 x 0,1 = 10

Escala de risco:
- *Alto* – pontuação entre 51 e 100
- *Médio* – pontuação entre 11 e 50
- *Baixo* – pontuação entre 1 e 10

Para diminuir a exposição aos riscos mais relevantes, deve-se adotar a estratégia de identificação do impacto que os riscos podem oferecer às atividades da organização, assim como sua probabilidade de ocorrência, mediante a seguinte análise:

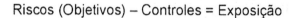

Figura 23 - Matriz do nível de risco

Definição do nível do risco

Após a determinação da matriz do nível de riscos, deve ser especificada a descrição do nível do risco (Alto, Médio e Baixo), bem como as ações necessárias para diminuí-lo. Por exemplo:

NÍVEL DO RISCO	DESCRIÇÃO DO RISCO E AÇÕES NECESSÁRIAS
Alto	Se uma possibilidade de melhoria for avaliada como sendo de alto risco, existe necessidade imediata para contramedidas serem adotadas. Os sistemas podem continuar operando, entretanto, ações corretivas devem ser iniciadas o mais breve possível.
Médio	Se uma possibilidade de melhoria for classificada como sendo de médio risco, ações corretivas estabelecidas em um plano de ação, devem ser realizadas em um curto período de tempo.
Baixo	Se um observação for classificada como sendo de baixo risco, os administradores e proprietários das informações devem avaliar a necessidade de efetuar manutenção corretiva ou assumir o risco.

Produto Final da Atividade – Definição e nível dos riscos.

9.1.9 Recomendações dos controles de segurança

Agora, selecionaremos os controles de segurança que serão utilizados para minimizar os riscos identificados que poderão, se explorados, afetar as operações da organização. O objetivo dos controles que serão recomendados é reduzir o nível de risco que os sistemas estão expostos até um nível aceitável.

Vale ressaltar que nem todos os controles recomendados poderão ser implementados. Para determinar quais serão mais apropriados, uma análise de custo-benefício deve ser realizada para os controles propostos. Assim, será possível demonstrar que o custo da implementação de um controle pode ser justificado pela redução significativa do risco associado.

Produto Final da Atividade – Recomendação dos controles e soluções alternativas para diminuição dos riscos.

9.1.10 Documentação dos resultados

Concluindo a avaliação de risco (fontes de ameaças e vulnerabilidades identificadas, riscos avaliados e as recomendações dos controles atribuídas), os resultados devem ser formalmente documentados.

O relatório de avaliação de risco deve ser destinado à Alta Administração e partes interessadas para ajudá-los na tomadas de decisões corporativas.

Produto Final da Atividade – Relatório de avaliação de risco que descreve as ameaças, vulnerabilidades, riscos e recomendações para implementação de controles de segurança.

10
Governança de Segurança da Informação

Contribuição de Alberto Evandro Fávero, CISSP, CISM, CISA
Profissional de Tecnologia e Segurança da Informação

Governança é um termo que corresponde a governo, exercício de autoridade e controle. Um método ou sistema de governo ou gerenciamento. Daí veio o conceito de governança corporativa, que é o sistema pelo qual as sociedades empresariais são dirigidas e monitoradas pelos seus proprietários ou acionistas, envolvendo os relacionamentos entre possuidores, acionistas, conselhos de administração, diretorias e auditoria. Descreve o processo de tomada de decisão e de implementação ou não implementação das decisões tomadas.

O termo Governança de T.I., que começou a ser mais difundido a partir do ano 2000, representa o relacionamento entre a área de TI e o restante da empresa ou organização. Os termos governança corporativa, governança de TI e boa governança têm sido usados no mundo dos negócios atualmente, bem com na Tecnologia da Informação e gestão empresarial. A boa governança realiza estes objetivos em uma maneira essencialmente livre de abusos e de corrupção e com o devido respeito à lei e regulamentos. Portanto, a boa governança define um ideal que é difícil de conseguir em sua totalidade. Entretanto, na busca do desenvolvimento humano sustentável as ações realizadas no sentido de obter este ideal.

Deve-se ressaltar que o desenvovimento humano sustentável buscado pelas boas práticas de governança corporativa não são um mero assistencialismo, tampouco simples atos de bondade das corporações. Embora, de fato, tais políticas tragam benefícios à sociedade, estas têm a finalidade de aumentar o valor da sociedade e facilitar seu acesso ao capital. Os maiores doadores de ajuda econômica, como o FMI e o Banco Mundial, estão cada vez mais condicionando sua ajuda e seus empréstimos às condições que reformas que assegurem a boa governança sejam implementadas.

Costuma-se citar as seguintes principais características da "boa governança":

1. Participação;

2. Estado de direito (regido por normas previamente definidas);

3. Transparência;

4. Responsabilidade;

5. Orientação por consenso;

6. Igualdade e inclusividade;

7. Efetividade e eficiência.

8. Responsabilização (do inglês: *accountability*).

Dentro desse conceito de governança, a Segurança da Informação é uma disciplina que afeta, assim como a informação que ela protege, toda a organização ou negócio da empresa. Os requerimentos de negócios e suas prioridades dependem da administração da informação, da tecnologia da informação e da segurança. Os vários participantes do processo organizacional (*stakeholders*) participam e demandam respostas de segurança da informação no contexto da governança corporativa e da governança de T.I., adequadas às necessidades do negócio. A essa resposta efetiva e bem elaborada que a função de segurança da informação deve apresentar aos seus "clientes" ou *stakeholders* damos o nome de Governança de Segurança da Informação. Existe uma perspectiva de negócios e de gerenciamento que envolve as empresas e organizações demandantes de segurança da informação que os seus profissionais especializados não podem olvidar. A governança de segurança da informação passa a ser definida como a prática que garante que o tema segurança da informação é adequadamente tratado em consonância com os requerimentos exigidos pelas partes envolvidas no processo, com o respectivo mapeamento de riscos ao ativo informação das organizações, estrutura de gestão, de suporte, divulgação, resposta a incidentes, reporte, cobertura dos aspectos de T.I. e monitoramento contínuo.

Os pontos chaves de um processo de governança de segurança da informação são:

- Respostas às preocupações da Alta Administração da organização;

- Considerações e preocupações dos administradores de Tecnologia e Segurança da Informação;

- Plano e programa de segurança da informação baseado em princípios estabelecidos;

- Iniciativas de segurança da informação;
- Fontes de conhecimentos para o processo de segurança da informação;
- Critérios para medição da performance de segurança da informação;
- Avaliação geral da função de segurança da informação.

Para levar a cabo o processo da função de segurança da informação dentro de uma perspectiva de que ela é componente chave de uma boa governança corporativa e fator integrante da mesma, podemos considerar que o tema foi adequadamente tratado em uma organização através da análise de cada um dos temas apresentados a seguir:

Informações críticas para a organização

A organização entende que as suas informações são ativos e, portanto devem ser protegidos através de sistemas e processos de controle especialmente desenhados para a sua adequada segurança?

Ao entender as informações como ativos valiosos para o bom funcionamento e até mesmo para a vantagem competitiva da organização, os seus administradores irão empenhar-se em entender melhor as características desse ativo que o fazem único e merecedor de investimentos e cuidados de proteção e garantia. Os gerentes de segurança da informação, por sua vez, receberão a missão de compreender as necessidades de negócios com relação aos ativos de informação e os devidos requerimentos para a sua proteção. Irão definir um plano de longo prazo e estruturar mecanismos organizacionais para criar e manter a área de segurança da informação com uma série de atividades a serem conduzidas visando estabelecer uma política de segurança da informação e os procedimentos que irão emanar dessa política. Com essa definição inicial a função de segurança da informação sai de um âmbito apenas de parte da função de tecnologia da informação para um conceito maior, mais estratégico e ligado à operação da organização.

Política de Segurança da Informação

A alta administração da organização emitiu uma política de segurança da informação ativa e abrangente? Essa política é sujeita a revisões periódicas e a atualizações quando necessário?

Todos os usuários de informações e sistemas de informações na organização precisam conhecer seus papéis e responsabilidades para proteger os ativos da empresa. A política de segurança da informação visa comunicar e estabelecer essa responsabilidade de cada um para com a confidencialidade, integridade e disponibilidades das informações. A política estabelece os objetivos e expectativas com relação ao tratamento a serem dados por cada na organização às informações, seus controles e padrões e procedimentos estabelecidos. O seu texto deve ser claro e direto o suficiente para que cada um na organização o entenda e não restem dúvidas sobre o seu conteúdo e interpretação do mesmo. A política também deve estabelecer e trazer descrito as sanções pelo seu não cumprimento. Como a política é estabelecida pela alta administração da organização, e não pelo seu *Security Officer*, é importante que o seu texto seja executivo, genérico, duradouro em termos de ser ligado aos conceitos da informação e administração, e não à tecnologia ou a aspectos momentâneos da organização. Os detalhes e descrições a respeito do cumprimento da política estarão em outros documentos subordinados em hierarquia à política, e esses sim, definidos pelo *Security Officer*. Em geral a política é a cabeça da pirâmide da função segurança da informação, sustentada por padrões e procedimentos. O *Security Officer* auxilia estrategicamente na definição e manutenção da política, mas que a assina e exige cumprimento é o Presidente ou o principal executivo da organização.

Para assegurar que a política de segurança da informação esteja sempre aplicável à realidade da organização e continue relevante para a proteção dos ativos de informação é importante a sua revisão periódica. Recomenda-se que anualmente seja feita uma revisão e atualização no seu texto, se aplicável. As boas práticas de segurança da informação também estabelecem juntamente com a política de segurança da informação um termo de responsabilidade a ser assinado pelos usuários de informação e facilidades de sistemas e processos na organização.

Programa de Segurança da Informação

Para que as medidas de segurança da informação sejam formalmente estabelecidas e cumpridas de acordo com as expectativas estabelecidas na política é importante que o *Security Officer* defina um plano com o seu programa de atuação. Esse programa deve ser formal, completo, com foco em riscos e ameaças aos ativos de informação, claramente definido e comunicado aos participantes do processo de segurança e proteção aos ativos de informação da organização, incluindo a alta administração, a gerência, o staff, os terceiros, governo e órgãos reguladores. Cada *stakeholder* deve compreender o seu papel e saber como atuar de acordo com o plano traçado pela segurança. Essa comunicação é compreensiva de acordo com cada papel a ser desempenhado e não é feita de maneira única ou indiscriminada, ao contrário, deve ser cuidadosamente e estrategicamente desenvolvida para que em cada atividade possa ser percebida a atuação da função de segurança da informação. Nos documentos da companhia, seus textos contratuais, gráficos, comunicados, descrições de trabalho e postos de trabalho, comunicados com clientes e demais terceiros. Todos devem recebem instruções e informações para facilitar e aderir às atividades criadas para a segurança e proteção da informação.

Inventário de informações e sistemas

Os ativos de informação compreendem toda a infra-estrutura de T.I., redes e sistemas, equipamentos de informática, dados, bancos de dados, arquivos, programas e redes de comunicação, tanto na empresa quanto em trânsito ou residentes em terceiras partes. Dessa forma, para conhecer todo o parque de ativos a serem protegidos e garantir que nenhum item ficou fora da abrangência das medidas estabelecidas na política e no plano de segurança da informação, um inventário de todos os ativos de informação faz-se necessário. A esse inventário será importante acrescentar mais algumas informações, tais como o dono de cada ativo de informação e a criticidade do mesmo. De acordo com a criticidade será possível criar uma lista ou curva ABC para estabelecer as medidas de segurança de cada ativo de informação na organização. Outro atributo importante da informação e que deve fazer para o inventário, é a classificação da informação em níveis previamente estabelecidos. Comumente são definidos entre três e cinco níveis de classificação que associados aos mesmos já são definidos tratamentos padrão às informações, por exemplo: confidencial, secreto-restrito, uso-interno.

A alta administração deve estar ciente desse inventário e estar de acordo com os critérios estabelecidos e o mapeamento realizado. Da mesma forma deve estar atenta aos procedimentos de controle estabelecidos e o tratamento que está sendo dado aos ativos mais críticos da organização. Devem ser evidenciados pelo *Security Officer* que o comitê de segurança, incluindo membros da alta administração, receberam esse inventário e concordaram com a resposta de segurança para cada fonte de problema potencial mapeada. Uma avaliação de riscos permanente deve ser estabelecida para verificar o processo de inventário e classificação da informação. Auditorias periódicas devem revisar o inventário.

Conhecimento das vulnerabilidades de T.I.

Nenhuma área ou instalação de T.I. será cem por cento invulnerável a fatores naturais ou ações feitas pela mão do homem. Os recursos de tecnologia da informação podem ser vulneráveis a perda de confidencialidade, integridade ou disponibilidade, ameaçando assim a segurança das informações que processam ou armazenam. Da mesma forma, os processos e sistemas de informações podem apresentar vulnerabilidades que, se exploradas, poderão comprometer a segurança. Um programa de gerenciamento de riscos deve ser estabelecido para dar resposta àqueles que mais afetam ou possam afetar os negócios da organização. Geralmente um BIA – *Business Impact Analysis* - análise de impactos no negócio – responde a cada processo de negócio quais são suas vulnerabilidades e tempo máximo aceito para recuperá-lo em casos de ruptura ou indisponibilidade da informação ou da T.I. Além do BIA, outros relatórios especializados em avaliações de riscos trazem essa análise e informações. Podemos citar o SAS70, relatórios de auditoria interna e externa, avaliações de riscos nas redes de comunicações de dados, testes de ataque e penetração, diagramas de rede e sistemas e mapas de arquitetura de T.I. O *Security Officer* deve assegurar que as vulnerabilidades sejam avaliadas e medidas de proteção de acordo com a criticidade e os riscos sejam aplicadas.

Gerenciamento de riscos e ameaças

A segurança da informação deve atender às expectativas da alta administração e demais *stakeholders* com relação ao efetivo gerenciamento de riscos e ameaças às informações. Dessa forma o *Security Officer* precisa garantir que os riscos foram identificados e estão cobertos por controles estrategicamente desenhados para evitar impactos aos ativos de informação. Ele deve externar que a estrutura de segurança da informação criada é adequada, possui um monitoramento eficaz e provê informes aos participantes dos processos de negócio e de tecnologia da informação que os permitem conhecer os riscos e as contra medidas estabelecidas. Da mesma forma transparece o apetite para riscos assumidos de maneira colegiada pela organização. Ou seja, os riscos que não estão cobertos por controles e não foram transferidos para terceiros, foram corporativamente assumidos pela organização e estão documentados e comunicados.

Compliance – Conformidade

Ativos de informação, sistemas e processos são sujeitos a normas, leis, regulamentações e devem aderir e cumprir com requisitos impostos no processo de geração, armazenamento, processamento, divulgação e descarte das informações, ou seja, durante o ciclo de vida da informação. A organização deve possuir um processo estabelecido para conhecer as normas a cumprir e assegurar que o mesmo seja eficaz. O não cumprimento de normas e leis traz prejuízos e danos à imagem da organização. Para garantir que normas sejam cumpridas o *Security Officer* analisa o programa de *compliance* geral da organização e marca os pontos de intersecção com as informações e sua infra-estrutura. Em geral um profissional especializado em aspectos jurídicos auxilia o profissional de segurança da informação a levantar as normas que devem ser cumpridas, suas exigências e formas de atendê-las. É também importante que o processo de atender aos requisitos legais e de normas seja coordenado com as outras áreas sujeitas da organização, tais como: Departamento Jurídico, Recursos Humanos, *Compliance* corporativo, comitês de administração e de auditoria.

Benchmarking

Qual o nível ideal de segurança da informação a ser atingido?

A resposta a essa pergunta é diferente para cada organização específica e para cada *Security Officer*. O nível ideal será aquele que é aceito pela organização em termos de recursos empregados na atividade de segurança, na satisfação da alta administração com os resultados alcançados e nível de reporte gerado, no controle dos riscos e ameaças aos ativos de informação e na evolução contínua, tanto em termos de racionalização de custos quanto na redução dos incidentes de segurança. Mas, mesmo sabendo que a resposta difere de empresa para empresa e de profissional para profissional, uma comparação entre as medidas adotadas por organizações, de preferência melhores práticas desenvolvidas por outros profissionais, é fundamental para a evolução da função de segurança da informação tanto em termos individuais como coletivos, com ganhos para o mercado como um todo. Com esse pensamento o *Security Officer* deve buscar fora da sua organização padrões de métricas e soluções que foram aplicadas e trouxeram benefícios específicos. Avaliar essas medidas e benefícios e concluir se melhorias são alcançadas com tais inovações. Participação em congressos e entidades de classe, tais como a ISACA e a ISSA, sempre proporciona experiências aos profissionais de segurança da informação que agregam novas idéias ou parâmetros de comparação. Pesquisas de mercado e ferramentas de medição de maturidade também são boas práticas para *benchmarks* eficientes da função de segurança.

Revisão da performance do Security Officer

O *Security Officer* é um profissional com expertise e vocação únicas na empresa. O seu desenvolvimento comumente nasce da especialização na área de T.I. com uma derivação ao longo da carreira para aspectos mistos de conhecimentos técnicos profundos em redes de comunicação de dados, bancos de dados e alinhamento aos requisitos de segurança do processamento de dados, infra-estrutura de informações e de aplicações de negócios. Como tal, o *Security Officer* possui conhecimentos e habilidades raras e responsabilidades específicas. Como todo profissional chave da organização a sua performance deve ser periodicamente avaliada e alinhada às expectativas da empresa para com o profissional. Da mesma forma, o profissional ou executivo a quem o *Security Officer* se reporta, precisa medir e avaliar a sua performance e necessidade de desenvolvimento, evolução ou até mesmo substituição do profissional. Para a efetiva medição da sua performance e avaliação do profissional e da área que ele gerencia apoio especializado e externo pode ser requerido. No mínimo uma descrição de cargo, com as atribuições e responsabilidades, deve existir e servir de base no processo de gestão da posição em questão. O *Security Officer* da mesma forma vai estabelecer as funções de cada profissional seu subordinado à área de segurança e conduzir o processo de avaliação de performance do pessoal de sua equipe. A área de RH da própria empresa ou empresas de RH especializadas em segurança da informação pode auxiliar no processo e no reporte à Alta Administração ou ao executivo acima do Security Officer. O ciclo ideal para esse processo é anual.

Continuidade de Negócios, Recuperação de Desastres, Resiliência

A perda de acesso às informações ou à infra-estrutura de tecnologia da informação representa um risco concreto e uma ameaça aos negócios. Todo gestor e membro da administração da organização se perguntam: o que a minha empresa faz para se proteger de ações ou fenômenos naturais ou provocados pela mão do homem? Qual a capacidade de continuar a operar ou se recuperar no caso de um evento de maior ou menor monta que impacte os negócios da empresa?

É função da administração em primeira instância e do Security Officer por conseqüência dar respostas a essas perguntas. Planos de recuperação de desastres e de continuidade de negócios devem existir para tranqüilizar os gestores a respeito desses riscos. A boa governança corporativa, de

T.I. e de Segurança da Informação devem zelar para que a organização dedique recursos e tempo no estudo e na preparação desses planos. O processo inicia-se por uma análise de riscos e de impactos aos negócios, o chamado BIA, que irá mapear os processos de negócios, medir o tempo máximo aceitável de parada de cada um desses processos e então traçar as estratégias de recuperação e continuidade para cada processo. Os planos DRP – Disaster Recovery Plan – e BCP – Business Continuity Plan. Além dos planos, mitigação de riscos ou eliminação de possibilidade de ocorrências e eventos previstos também faz parte da estratégia de segurança para garantir a disponibilidade das informações. Outro conceito novo tem sido a estruturação de processos de negócios resilientes, ou seja, que suportam impactos ou eventos exógenos sem que ocorram rupturas nos mesmos. Por exemplo, uma ligação de rede de comunicação de dados entre a matriz e uma filial por 2 tipos de links distintos. Fibra ótica por um canal e cabo de cobre por outro, com empresas fornecedoras de serviço de redes distintas, com o primeiro link fazendo redundância ao segundo, no caso de parada de um dos dois serviços, o outro assume a tarefa de comunicação e a filial prossegue operando normalmente. Essa capacidade de operar mesmo em situações adversas dá-se o nome de resiliência. Os processos e sistemas de informações construídos com esse pensamento de segurança agregam muito mais confiabilidade e garantia de continuidade, tranquilizando assim os gestores de negócios. O papel da governança de segurança da informação é especificar que o processo de segurança da informação da empresa irá contemplar recursos para a continuidade de negócios, recuperação de desastres e implantação de resiliência nos processos organizacionais; irá definir um processo de mapeamento dos impactos previsíveis e possíveis; irá escrever os planos com base em uma estratégia escolhida; irá testar os planos periodicamente e implantar melhorias identificadas nos testes; e finalmente irá comunicar e treinar todos os *stakeholders* da organização a respeito do processo de continuidade e recuperação. Algumas fontes de informações sobre orientação quanto à realização dessas análises e escritas dos planos: DRI, www.drii.org; BCI, www.thebci.org; CERT, www.cert.org; NIST, www.nist.gov e ISACA, www.isaca.org.

Arquitetura de Segurança da Informação

O programa de segurança da informação pode ser estruturado em um *framework* (esqueleto) com as diversas funções e atividades de segurança da informação esquematizadas e ilustradas em um diagrama com as definições e inter-relações entre si. Esse desenho esquemático mostra a arquitetura de segurança da informação da mesma forma que uma planta (*blue-print*) mostra o projeto de uma construção civil. O desenho e descrição dessa arquitetura de segurança da informação ajudam o *Security Officer* a conceber, definir, construir e apresentar a sua proposta de implantação da função de segurança na organização. O desenho também será importante para apresentar a terceiras partes, tais como auditores e membros da Alta Administração como a área responde às responsabilidades atribuídas a ela, através da estrutura organizacional e sua completude.

Comunicação, treinamento e conscientização

A comunicação é fundamental para o sucesso da implantação e manutenção de uma área de segurança da informação eficaz na organização ou empresa. O *Security Officer* deve preocupar-se diuturnamente com a estratégia e as peças de comunicação selecionadas, desde as diretas como com as subliminares. Nesse caso, que ele conte com o auxílio e inteligência da área de comunicações internas, relações públicas e relações com investidores da organização. As peças de comunicação são: atas de reuniões, relatórios periódicos, comunicados, circulares, boletins, cartazes, cartilhas, intranet, internet (web-page), e-mail, listas de distribuição, correspondências, entre outros da cultura da empresa ou que estejam disponíveis para a área de Segurança da Informação levar a sua mensagens aos seus "clientes" (*stakeholders*). O comitê de segurança da informação pode e deve participar ativamente do processo de comunicação, pois o mesmo é formado por representantes chaves da empresa, mas fora da estrutura direta do departamento ou divisão de segurança.

O treinamento de segurança da informação também deve estar formalmente definido no programa e na arquitetura de segurança e contemplar tanto os funcionários e profissionais da área quanto aos demais participantes do processo das outras áreas. Papéis bem definidos, responsabilidades atribuídas, programa de divulgação e conscientização a respeito do tema para todos na empresa, orientação a empregados novos, reciclagem periódica do conhecimento e atualização dos profissionais e campanhas irão complementar o programa de treinamento e conscientização. Um exemplo prático de treinamento e conscientização para todos os profissionais é o descanso de tela temático de computadores. Quando o computador fica sem uso o descanso de tela entra com figuras e textos alusivos a cuidados com segurança da informação. Uma coleção de dez a vinte esquetes contam histórias em quadrinhos com uma moral que se deseja fixar nos colaboradores: mesa limpa ou senhas fortes, para citar alguns tipos.

Avaliação de riscos periódicos

A constante avaliação de riscos de T.I. e de ativos críticos de informação na organização irá permitir uma evolução constante e um aprimoramento em termos de controles mais eficazes, inteligentes, com custos adequados e alinhados ao apetite de riscos da empresa. O circulo virtuoso é composto por uma avaliação de riscos, análise de resultados da avaliação, reporte dos pontos levantados, aplicação de melhorias e reinício do ciclo. A cada rodada da avaliação de riscos, mais o processo vai sendo refinado e maior a confiabilidade nos controles e na sua eficiência e adequação. Fica muito mais fácil ao *Security Officer* atender às múltiplas auditorias se ele consegue estruturar e levar a cabo um programa como o descrito para avaliação constante dos riscos. Esse ciclo também é uma parte da governança de segurança da informação e deve fazer parte da arquitetura construída, portanto o envolvimento das gerências de T.I. e de negócios é mandatória.

A Segurança da Informação dos fornecedores

Além de garantir o processo compreensivo de segurança da informação dentro da organização, o *Security Officer* não pode deixar de contemplar a segurança da informação quando esta sai do perímetro da empresa e interage ou é armazenada ou processada por terceiros, participantes do processo de negócio da organização. Ora, se fornecedores se interligam com as facilidades de T.I. e integram os processos de negócios, a empresa precisa saber se os requerimentos mínimos de segurança da informação são atendidos no trato de suas informações, e em todo o ciclo do processo ou da vida da informação, incluindo o seu descarte (etapa final). É sabido de ameaças concretizadas com informações da empresa residentes em HD (*Hard Disks*) de empresas terceiras que foram descartados e caíram nas mãos de criminosos que as utilizaram para perpetrar fraudes contra a organização. Esse é apenas um exemplo. As possibilidades são múltiplas se cuidados não forem tomados. Nesse caso, o correto é a empresa assumir uma postura de ceticismo e conferir o processo de segurança de terceiras partes que interagem com as informações e consequentemente com os processos de negócios da empresa. Pode-se aplicar o ciclo virtuoso de avaliação de riscos periódicos nos fornecedores e exigir deles as melhorias identificadas e requerimentos mínimos para conectarem-se aos processos de negócios da organização.

Segurança Física

Quais medidas de segurança física aos ativos tangíveis e às instalações de redes e de computadores a empresa dispõe? Essas medidas são adequadas?

O *Security Officer* precisa incluir no programa de segurança da informação a estratégia e as medidas de proteção aos ativos físicos de informações. Geralmente esse nível de proteção físico será alcançado com portas, vigias, sistemas de alarmes, controle de acessos, travas, câmeras de vídeo, entre outros. As avaliações de riscos também devem cobrir os aspectos de vulnerabilidades e ameaças aos ativos tangíveis e aos ambientes onde a informação está. Um exemplo é a análise do lixo de uma empresa. Verificar se no lixo não foram descartadas peças de informação (papeis e relatórios) que contenham informações confidenciais e podem ser lidos de maneira descontrolada por qualquer um que tiver acesso ao lixo. Uma contra medida nesse caso seria a fragmentação de papéis que contenham informações classificadas quando do seu descarte. Esse é apenas um exemplo. O *Security Officer* tem acesso a metodologias de segurança física que trazem um *check-list* completo de todos os controles que devem ser observados para garantir um nível adequado de proteção às instalações.

Auditorias de Segurança da Informação

Adicionalmente às avaliações de segurança (*security assessments*), auditorias formais no mínimo anualmente devem ser conduzidas sobre o programa e a área de segurança da informação. Os informes de auditoria gerados devem ser seguidos e os progressos conquistados em resposta aos apontamentos de auditoria, registrados. Os mecanismos e procedimentos implantados pelo *Security Officer*, conforme definidos na política, devem ser testados para assegurar a efetividade dos mesmos. Os reportes de auditoria devem ser revisados pela Alta Administração e o seu seguimento assegurado e verificado.

Com essas medidas observadas e orientadas ao negócio da organização e a arquitetura e programa de segurança da informação desenvolvidos e aprimorados ao longo do tempo, a empresa poderá conquistar um nível de proteção às suas informações que trará respostas claras e aprovadas no âmbito da governança corporativa quanto aos questionamentos e dúvidas que possam surgir quanto à devida diligência da administração para o bom trato dos seus ativos de informações, infra-estrutura de T.I. e alocação inteligente e lógica dos recursos do acionista de uma maneira estruturada, transparente e racional.

Não esperamos que esse breve capítulo sobre o tema esgote o assunto sobre governança de segurança da informação, mas sim excitar a curiosidade dos *Security Officers* e demais profissionais interessados no tema a pesquisar mais e aplicar suas experiências práticas na seara do bom desenvolvimento de técnicas e de conceitos que poderão elevar cada vez mais a segurança da informação ao *board* das empresas e alcançar o entendimento e o interesse dos gestores de negócios sobre o assunto.

11
Como Avaliar e Contratar Profissionais de Segurança da Informação

Ao contrário do que escutamos pelo mercado, o candidato a *Security Officer* (gestor da segurança da informação) não precisa possuir um passado hacker para garantir o bom desempenho de suas atividades e a proteção efetiva das informações de uma organização. Aliás, nem é recomendado que o tenha.

Isso ocorre, pois o perfil necessário à gestão de um processo tão delicado, vai muito além do "escovador de bits e bytes", exigindo deste profissional habilidades que vão da execução, coordenação e gerenciamento de projetos até o planejamento estratégico e apresentação executiva de resultados.

Aquele profissional que foi até a uma determinada organização oferecer proteção, serviços e ferramentas de segurança, (apresentando fragilidades do ambiente corporativo ou fazendo demonstrações práticas de ataque a um determinado sistema aplicativo), em sua grande maioria, ainda não está em condições de gerenciar e coordenar, estratégica e taticamente, a proteção dos ativos de informação.

Caro leitor, a mensagem que desejamos transmitir é a de que *aquele que sabe invadir, não necessariamente saberá defender*.

Este importante conceito é fundamental para se determinar quem poderá desenvolver e implementar a Política, de forma a iniciar a criação e o estabelecimento de um Sistema de Gestão de Segurança da Informação (SGSI ou ISMS, conforme comentado no início desta obra).

Como determinar o perfil do profissional para gerenciar e coordenar a segurança da informação? Quais os requisitos? Quais as certificações? Como avaliar?

Em primeiro lugar este gestor deve ser capaz de planejar ações, resolver macro problemas, comunicar resultados, ser pró-ativo, dinâmico, ter facilidade para entender grandes problemas e desafios a serem superados. Estas são algumas das características necessárias ao currículo deste profissional.

Em instituições financeiras, empresas de telecomunicações ou empresas de comércio eletrônico, por exemplo, é imprescindível que o gestor de segurança conheça a fundo os negócios da empresa que precisam proteger.

Este gestor, então, substituirá os técnicos especialistas? Certamente, não! Ressaltamos que uma boa equipe de segurança é composta por este gestor e alguns profissionais com alto conhecimento técnico, que são responsáveis pela operação das estratégias e táticas definidas pelo gestor e pela implementação dos controles e políticas de segurança, seja na configuração de um firewall ou roteador, no desenvolvimento de uma solução personalizada, na monitoração do uso da Internet e e-mail, sempre coordenado pelo *Security Officer*.

Quando entrevistamos um candidato, devemos considerar que algumas características pessoais são tão ou mais importantes que a sua capacitação técnica. Nesta obra, não temos por objetivo esgotar o assunto e pedimos que utilize estas características como um roteiro de suporte, e não como instrumento único de avaliação. Vamos lá:

a) Excelente capacidade de comunicação

> A figura do gestor de Segurança da Informação será responsável por manter os executivos e a Alta Administração da organização devidamente informados, sempre que o assunto envolver a questão de segurança. Isto significa que, além de uma forte habilidade na comunicação escrita (estilo, clareza e objetividade), o gestor de Segurança da Informação deve ser capaz de defender verbalmente frente à Alta Administração a necessidade de se investir, por exemplo, em novos recursos de proteção lógica e física, na aquisição de outras ferramentas de detecção de intrusos, e sobre a importância de possuir e ter formalmente implementada uma Política de Segurança da Informação.
>
> O gestor deve saber que não poderá utilizar o famoso "tecniquês", solicitando aos usuários que '*não efetuem acesso na porta 80*', ou ainda, saber que durante uma reunião com o Conselho ou Comitê Executivo, não adiantará dizer '*que precisa de um IDS interligado ao firewall*'.
>
> Prezado leitor, você compreendeu a seriedade na comunicação clara, atrelada ao nível hierárquico com quem se fala na organização?

Um bom trabalho, além de seu conteúdo (produto, idéia, organização, estruturação, "perfumaria" e etc.), deve ter uma excelente apresentação visual. A habilidade em entender a visão do estrategista e apresentar-lhe somente o que interessa, é indispensável ao *Security Officer*.

b) Expertise de conciliar os interesses de segurança e os interesses do negócio

Dentre uma vasta opção de serviços e produtos disponíveis no mercado, o gestor deve perceber aquela que melhor se enquadra aos interesses da organização. O "melhor produto ou serviço" de Segurança é aquele que serve adequadamente às necessidades de determinado processo de negócio.

c) Capacidade de auto-estudo

O gestor de Segurança da Informação deve possuir um perfil pró-ativo, ou seja, conhecer o maior número de produtos, tecnologias, explorar novidades, possuir uma grande rede de contatos e especialistas no tema, e manter-se constantemente atualizado.

A capacitação é vital para a correta gestão e coordenação das atividades, e a formação de uma equipe de profissionais qualificados é difícil e muitas vezes, pode não ser vantajosa para a organização.

A contratação de um profissional (ou equipe) pode significar um grande investimento em cursos e tempo (que muitas organizações não possuem) e pode-se correr o risco de perdê-lo depois de "formado".

d) Familiaridade com termos e conceitos da área

É indispensável a familiaridade com termos e conceitos comuns em Segurança da Informação. Termos como alta-disponibilidade, SLA, acordo de confidencialidade, análise de risco, políticas, diretrizes de segurança e incidentes, são comuns na rotina deste profissional. Conceitos como *firewall, PKI, Intrusion Detection System, Single Sign-On*, segurança física, lógica e outros, também fazem parte do conhecimento mínimo que o *Security Officer* deve possuir, principalmente, quando responsável por um Sistema de Gestão de Segurança da Informação.

e) Certificações e especializações que fazem diferença

A boa *"cartilha de RH"* diz que bons profissionais, independentemente da área em que atuam, têm algumas características peculiares: são pessoas que buscam capacitação constantemente e estão atualizadas frente às últimas novidades de sua área de atuação.

Entretanto, no ambiente de Segurança da Informação, esses requisitos não são diferenciais, mas pontos fundamentais para quem quer ingressar na área.

Destacamos abaixo as principais certificações buscadas pelos profissionais que atuam em Segurança da Informação, Auditoria de Sistemas e Governança de TI:

CERTIFICAÇÃO	ACRÔNIMO	ORGANISMO
Certified Information Security Manager	CISM	ISACA
Certified Information Systems Auditor	CISA	ISACA
Certified in the Governance of EnterpriseIT	CGEIT	ISACA
Certified Information Systems Security Professional	CISSP	$(ISC)^2$
Certified Fraud Examiner	CFE	ACFE
ISO 27001 Lead Auditor	ISO 27001 LA	BSI
CobiT Foundations	-	ISACA
ITIL Foundations	-	-
Cisco Certified Security Professional	CCSP	Cisco
Chartered IT Professional	CITP	BCS

Figura 24 - Certificações para profissionais de segurança da informação, auditoria de sistemas e governança de TI

Considerações Finais e Conclusões

O desenvolvimento de uma organização também depende da imagem que ela transmite ao mercado. A administração da segurança tem papel fundamental na implementação de controles que minimizem os riscos que possam ser inerentes aos negócios.

Papel fundamental, devido a crescente necessidade de proteção aos mais diversos ativos da organização, desde sua imagem, conforme já citado, até os ativos físicos.

A não incidência de fraudes internas e externas, além do combate a atos de má-fé tornou-se uma preocupação constante do Presidente, do VP de Finanças, do Chefe de Segurança, e assim por diante, se estendendo a todo o corpo executivo.

O papel da área de segurança nos negócios tem se tornado diferencial competitivo, pois embora alguns acreditem ser burocracia, crença que vem diminuindo muito, podemos considerar que os controles aumentam de forma significativa a capacidade da organização não estar tão exposta a perdas financeiras provenientes de fraudes, erros de processamentos, entre outras possibilidades.

Além disso, hoje, já é possível criar controles que possam ser inseridos nos processos sem trazer prejuízo a dinâmica do negócio. No passado acreditava-se muito que os controles eram responsáveis pela morosidade e "burocracia", entretanto, com a automatização dos mesmos já podemos mudar nossa percepção.

O estabelecimento da Política de Segurança da Informação é somente o estágio inicial do processo de mudança de cultura quanto ao tema, sendo assim, a preparação de políticas para o estabelecimento de um ambiente seguro somente se efetiva por meio do comprometimento de seus profissionais e o desenvolvimento de processos que utilizam tecnologias e práticas aderentes à política.

Todos devem perceber que têm a sua parcela de contribuição!

O conteúdo mínimo da Política de Segurança deve contemplar a definição de aspectos gerais da política de forma concisa e objetiva, estabelecendo diretrizes para o desenvolvimento das normas.

Após a leitura deste livro, você percebeu que o trabalho não acaba somente com a implementação da Política de Segurança, sendo necessários o treinamento e a conscientização constantes de todos os colaboradores da organização.

Por fim, consideramos que o sucesso na implementação de uma Política de Segurança está atrelado a uma estratégia que, apoiada pela Alta Administração, deve considerar três aspectos fundamentais:

Processos **que, automatizados ou não, são peças primordiais para que possamos executar de forma adequada as atividades de controle, minimizando os riscos.** *Pessoas,* **que devem garantir o correto funcionamento dos processos e tecnologias envolvidas. E a própria** *Tecnologia,* **que deve ser o garçom, servindo a todos de forma a facilitar os trabalhos.**

BIBLIOGRAFIA

Livros

- BARMAN, Scott. Writting Information Security Policies. Indiana: New Riders, 2002.

- Brasil. Tribunal de Contas da União. Boas práticas em segurança da informação / Tribunal de Contas da União. – Brasília : TCU, Secretaria Adjunta de Fiscalização, 2003.

- CARUSO, Carlos A. A. Segurança em informática e de informações. São Paulo: SENAC, 1999.

- DAWEL, George. A Segurança da Informação Nas Empresas – Ampliando Horizontes além da Tecnologia. Rio de Janeiro, RJ: Editora Ciência Moderna, 2005.

- DIAS, Cláudia. Segurança e auditoria da tecnologia da informação. Rio de Janeiro: Axel Books, 2000.

- DUNCAN, William. A guide to the Project Management Body of Knowledge (PMBOK). Charlotte, NC: PMI, 1996.

- FERREIRA, Fernando Nicolau Freitas. Segurança da Informação. Rio de Janeiro, RJ: Editora Ciência Moderna, 2003.

- JACKSON, K. and Hruska, J., Computer Security Reference Book, CRC Press, Inc., Boca Raton, FL, 1992.

- KRAUSE, Tipon. Handbook of Information Security Management. Estados Unidos. Editora Auerback, 1999.

- MARTINS, José Carlos Cordeiro. Gestão de Projeto de Segurança da Informação. Rio de Janeiro, RJ: Editora Brasport, 2003.

- MITNICK, Kevin. A arte de enganar. São Paulo, SP: Editora Makron Books, 2003.

- MOREIRA, Stringasci Nilton. Segurança mínima: uma visão coorporativa da segurança de informações. Rio de Janeiro: Axcel Books, 2001.

- RUSSELL, D. and Gangemi, G.T., Computer Security Basics, O' Reilly & Associates, Inc., Sebastopol, CA, 1991.

- SÊMOLA, Marcos. Gestão da segurança da Informação – uma visão executiva. Rio de Janeiro, RJ: Editora Campus, 2003.

MELHORES PRÁTICAS

- CobiT – Control Objectives for Information and Related Technology.

- GAISP – Generally Accepted Information Security Principles.

- Guttman, Barbara and Roback, Edward. An Introduction to Computer Security: The NIST Handbook. Special Publication 800-12. Gaithersburg, MD: National Institute of Standards and Technology, October 1995.

- Information Security Governance: Guidance for Boards of Directors and Executive Management. 2nd Edition. ITGI / ISACA.

- ISO/IEC 27002:2005. Information Technology: Security Techniques – Code of practice for information security management. International Organization for Standardization, 2005.

- ITIL – The IT Infrastructure Library's Security Management.

- NBR 11514. Controle de acesso para segurança física de instalações de processamento de dados. Associação Brasileira de Normas Técnicas ABNT.

- NBR ISO/IEC 27002:2005. Tecnologia da Informação: Código de prática para a gestão da segurança da informação. Associação Brasileira de Normas Técnicas ABNT, 2002. 56pp.

- OECD – Organization for Economic Co-operation and Development Guidelines.

- Demais práticas com distribuição gratuita contempladas no CD-ROM da obra.

WEB SITES

- AuditSafe (www.auditsafe.com.br)

- Auditoria Interna (http://www.auditoriainterna.com.br/)

- AXUR Information Security (http://www.axur.com.br/)

- B2B Magazine (www.b2bmagazine.com.br)

- British Standard Institution (http://www.bsi-global.com)

- Caderno Digital (www.cadernodigital.inf.br)

- Câmara Brasileira de Comércio Eletrônico (http://www.camara-e.net)

- Centro de Atendimento a Incidentes de Segurança (http://www.rnp.br/cais/)

- Cert.Br (www.cert.br)

- CISSP Open Study Guides (http://www.cccure.org)

- Comitê Gestor da Internet no Brasil (http://www.cg.org.br)

- Computer Security Institute (http://www.gocsi.com)

- Computer Security Resource Center (http://csrc.nist.gov/nissc)

- Computerworld (www.computerworld.com.br)

- Cybercrime (http://www.cybercrime.gov)

- FERNANDOFERREIRA.COM (www.fernandoferreira.com)

- IDG Now! (www.idgnow.com.br)
- InfoGuerra (www.infoguerra.com.br)
- Instituto Nacional de Tecnologia da Informação (http://www.iti.gov.br)
- Inteligência Digital (http://www.ipdi.com.br)
- Internal Audit Resources for Internal Auditors (http://www.auditnet.org)
- Intl. Information Systems Forensics Association (IISFA) (http://www.iisfa.org)
- Intl. Information Systems Security Certification Consortium (https://www.isc2.org)
- ISACA (www.isaca.org)
- ISSA (www.issa.org)
- ISSA Capítulo Brasil (www.issabrasil.org)
- IT Governance Institute (http://www.itgi.org)
- ITIL: IT Infrastructure Library (http://www.ogc.gov.uk)
- ITSMF (www.itsmf.org)
- Microsoft (www.microsoft.com.br)
- Módulo Security (www.modulo.com.br)
- National Institute of Standards and Technology (http://www.nist.gov)
- NIC BR Security Office (http://www.nbso.nic.br)
- NIST (http://csrc.nist.gov/publications/nistpubs/)
- Open Information System Security Group (http://www.oissg.org/)

- Opice Blum Advogados Associados (www.opiceblum.com.br)
- Patrícia Peck (http://www.patriciapeck.com.br)
- Sarbanes-Oxley (http://www.sarbanes-oxley.com/)
- The Center for International Security (http://www.cisecurity.org)
- The Institute of Internal Auditors (http://www.theiia.org)
- The Internet Engineering Task Force (http://www.ietf.org)

LEGISLAÇÕES

- BRASIL. Decreto n.º 3.505, de 13 de junho de 2000. [Institui a Política de Segurança da Informação nos órgãos e entidades da Administração Pública Federal].

- _____. Decreto n.º 3.996, de 31 de outubro de 2001. [Dispõe sobre a prestação de serviços de certificação digital no âmbito da Administração Pública Federal].

- _____. Lei n.º 9.983, de 14 de julho de 2000. [Altera o Decreto-Lei n.º 2.848, de 7 de dezembro de 1940 – Código Penal e dá outras providências].

- _____. Medida Provisória n.º 2.200-2, de 24 de agosto de 2001. [Institui a Infra-Estrutura de Chaves Públicas Brasileira – ICP-Brasil, transforma o Instituto Nacional de Tecnologia da Informação em autarquia, e dá outras providências].

Fontes do Glossário

- Symantec Security Response

- The New Hacker's Dictionary (Eric S. Raymond, MIT Press, 3ª Edição, 1998)

- Equipe Brasileira de respostas para Emergências em Computadores

- Portal de Informática

- McAfee Virus Information

- Trend Micro

Conteúdo do CD-ROM

- Acrobat Reader
  - Software utilizado para leitura dos documentos
- Metodologias e melhores práticas
  - Cartilha de Segurança para a Internet – CERT.br
  - GAISP v.30
  - Handbook for Computer Security Incident Response Teams
  - ISF Standard Of Good Practice
  - ISO 17799 Checklist
  - NIST 800 Special Publications
    * NIST 800-12 An Introduction to Computer Security
    * NIST 800-14 Generally Accepted Principles and Practices for Securing Information Technology Systems
    * NIST 800-16 Information Technology Security Training Requirements
    * NIST 800-18 Guide for Developing Security Plans for Information Technology Systems
    * NIST 800-30 Risk Management Guide for Information Technology Systems
    * NIST 800-31 Intrusion Detection Systems
    * NIST 800-34 Contingency Planning Guide for Information Technology Systems
    * NIST 800-36 Guide to Selecting Information Technology Security Products
    * NIST 800-40 Procedures for Handling Security Patches
    * NIST 800-45 Guidelines on Eletronic Mail Security
    * NIST 800-47 Security Guide for Interconnecting Information Technology Systems
    * NIST 800-48 Wireless Network Security

* NIST 800-50 Building an Information Technology Security Awareness and Training Program
* NIST 800-53 Recommended Security Controls for Federal Information Systems
* NIST 800-61 Computer Security Incident Handling Guide
* NIST 800-64 Security Considerations in the Information System Development Life Cycle
* NIST 800-70 Security Configuration Checklists Program for IT Products
* NIST 800-78 Cryptographic Algorithms and Key Sizes for Personal Identity Verification
* NIST 800-92 Guide to Computer Security Log Management

- OCTAVE
- OECD Guidelines Security Information Systems and Networks
- SSE-CMM3

- Minicurrículo dos autores
- Lei de Direito Autoral

GLOSSÁRIO

A

Algoritmo

Seqüência de passos necessários para resolver problemas lógicos ou matemáticos. Certos algoritmos de criptografia são usados para codificar ou decodificar arquivos de dados e mensagens, e para assinar documentos digitalmente. Ver Criptografia e Assinatura digital.

Alias

Não há um padrão comumente aceito pela indústria de segurança para os nomes dos vírus de códigos maliciosos móveis. Cada vírus pode ser conhecido por diferentes nomes ou apelidos.

Ameaça combinada

Ou *Blended threat* - As ameaças combinadas reúnem características de vírus, worms, cavalos de Tróia e códigos maliciosos e valem-se da vulnerabilidade dos servidores e da Internet para iniciar, transmitir e disseminar ataques. Devido à utilização de diversos métodos e técnicas, as ameaças combinadas podem espalhar-se rapidamente, provocando danos generalizados. Entre as características das ameaças combinadas encontram-se:

- *A geração de danos:* desencadeiam um ataque de recusa de serviço no endereço IP visado, deformam servidores da Web ou inserem programas cavalo de Tróia para uma posterior execução.

- *A propagação através de diversos métodos:* procuram vulnerabilidades com o intuito de comprometer os sistemas, incorporando códigos em arquivos HTML dos servidores, infectando os visitantes de sites comprometidos e enviando e-mails não autorizados (com worms anexados) de servidores comprometidos, por exemplo.

- *Os ataques de vários pontos:* as ameaças combinadas injetam códigos maliciosos nos arquivos .exe, aumentam o nível de privilégio da conta de convidado (guest), criam compartilhamentos de rede graváveis e legíveis, fazem várias alterações no registro e injetam código de script nos arquivos HTML dos sistemas.

- *A disseminação sem intervenção humana:* verificam a Internet constantemente, em busca de servidores vulneráveis para atacar.

- *A exploração das vulnerabilidades:* aproveitam-se de problemas muito conhecidos, como buffers cheios, vulnerabilidades de validação na entrada do HTTP e senhas padrões conhecidas, para ganhar acesso administrativo não autorizado.

Acionador de atividade

Condição que desencadeia a ativação do vírus ou o faz executar sua rotina destrutiva. A atividade de alguns vírus é acionada em uma determinada data. A de outros pode ser acionada a partir da execução de certos programas ou da disponibilidade de uma conexão com a Internet. Ver *Gatilho*

Applet

Miniatura de aplicação transportada pela Internet, especialmente como uma melhoria em uma página Web. Autores freqüentemente embutem applets em páginas HTML como um tipo de programa adicional. Os applets Java são geralmente os únicos que têm acesso permitido a determinadas áreas do sistema do usuário. Ver *Controles Active X*

Antivírus

Programa especificamente desenvolvido para detectar, anular e eliminar vírus de computador.

Arquivo (vírus de)

Vírus que substitui ou anexa-se a arquivos COM e EXE. Eles podem infectar arquivos com extensões SYS, DRV, BIN, OVL e OVY. Os vírus de arquivo infectam um ou mais arquivos onde quer que o arquivo infectado rode. Ver *Vírus*

Arquivos COM

Tipo de arquivo executável com tamanho limitado a 64 kbytes. Esses arquivos simples são freqüentemente usados por programas utilitários e pequenas rotinas. Como os arquivos COM são executáveis, os vírus podem infectá-los.

Assinatura digital

Código utilizado para verificar a integridade de um texto ou mensagem. Também pode ser utilizado para verificar se o remetente de uma mensagem é mesmo quem diz ser.

Ataque

Ato de tentar desviar dos controles de segurança de um sistema. Um ataque pode ser ativo, tendo por resultado a alteração dos dados; ou passivo, tendo por resultado a liberação dos dados. Nota: O fato de um ataque estar acontecendo não significa necessariamente que ele terá sucesso. O nível de sucesso depende da vulnerabilidade do sistema ou da atividade e da eficácia das contramedidas existentes.

Ataque interno

Ataque originado de dentro da rede protegida.

Atividade

Trata-se do código de programa que executa a atividade do vírus. Nem todos os vírus têm atividades - alguns apenas se espalham ou se duplicam - e nem todas as atividades executam ações destrutivas.

Autenticação

Processo de determinar a identidade de um usuário que esteja tentando alcançar um sistema. Verificação de identidade.

Avaliação da ameaça

Consiste em uma classificação da gravidade do vírus, worm ou cavalo de Tróia. Ela leva em conta o dano causado pela ameaça, a rapidez com que ela se dissemina em outros computadores (sua distribuição) e a extensão das infecções registradas.

B

Back door

Falha de segurança de um sistema deixada propositalmente pelo desenvolvedor. Códigos maliciosos podem abrir back doors em computadores dando acesso remoto ao micro contaminado por hackers.

Bipartite (ou bimodal)

Vírus que infecta o setor de boot e arquivos. Ver *Vírus*

Blindado

Vírus que tenta evitar que seu código seja examinado. O vírus pode usar vários métodos para tornar mais difícil o rastreamento, o desmanche e a engenharia reversa de seu código.

Bomba lógica

Código inserido clandestinamente em uma aplicação ou um sistema operacional que o leva a realizar alguma atividade destrutiva ou que comprometa a segurança toda vez que condições especificadas são encontradas. Compare com Back door.

Boot

1- Setor do disco rígido ou de disquetes onde ficam gravadas as informações essenciais de um programa ou do sistema operacional; 2- Vírus que infecta a primeira trilha do disco lógico e impede o funcionamento correto do sistema. Ver *Vírus*.

Brincalhão

Programa inofensivo que faz o computador executar várias atividades não destrutivas (por exemplo, apresentar de repente uma nova proteção de tela). Ver *Vírus*.

Bug

Falha não intencional que provoca mau funcionamento em um programa de computador ou em uma peça de hardware. O termo, que em português significa inseto, é uma referência à primeira falha real encontrada em um computador: uma mariposa que havia se instalado entre os circuitos do computador Mark II, da Universidade de Harvard, causando mau funcionamento.

Buraco ou brecha

Vulnerabilidade na construção do software ou hardware que permite burlar medidas de segurança.

C

Carga viral

Ação que o vírus executa no computador infectado. Pode ser relativamente inócua (como a exibição de mensagens ou a ejeção do drive de CD) ou bastante destrutiva (como o apagamento de todo o conteúdo do disco rígido).

Cavalo de Tróia

Um programa que não se duplica nem se copia, mas provoca danos e compromete a segurança do computador. Normalmente, ele conta com que alguém o envie a você através de e-mail. Ele não envia a si mesmo e pode chegar sob a forma de algum software ou programa brincalhão. Ver *Vírus*.

Certificação

Avaliação detalhada das características técnicas e não técnicas da segurança de um sistema e de outras proteções, com base no processo de credenciamento, que estabelece a extensão na qual um projeto se encontra em relação a um conjunto especificado de exigências da segurança.

Chave de registro

O registro do Windows usa chaves para armazenar o ambiente de configuração do computador. Quando um usuário instala um novo programa, ou as configurações são alteradas, os valores dessas chaves mudam. Se um vírus modificar essas chaves, elas poderão produzir efeitos danosos. A edição do registro do Windows só deve ser feita por usuários avançados.

Cluster (vírus de)

Vírus que modifica a tabela de entrada de diretórios para que o vírus seja carregado antes de qualquer outro programa. O código do vírus só existe em um local, mas executar qualquer programa executará o vírus também. Como modificam o diretório, os vírus de cluster parecem infectar todos os programas de um disco. Ver *Vírus*.

Código malicioso

Programa introduzido intencionalmente no computador do usuário com o objetivo de roubar informações ou derrubar barreiras de segurança. Ver Cavalo de Tróia; Controles Active X.

Código móvel

Código (software) transferido do host para o cliente (ou para outro computador host) a fim de ser executado. Um exemplo de código móvel malicioso é o worm.

Confidencialidade

Propriedade de certas informações que não podem ser disponibilizadas ou divulgadas sem autorização para pessoas, entidades ou processos. O conceito é garantir que a informação sensível seja limitada a um grupo apropriado de pessoas ou organizações.

Controles Active X

Módulos de software que adicionam funcionalidades a aplicações baseadas na arquitetura do modelo de objetos da Microsoft. Na Internet, os controles Active-X transformam uma página Web em páginas de software, que agem como qualquer programa carregado a partir de um servidor. Por esse motivo, os controles Active-X podem dar pleno acesso ao sistema. Na maioria das vezes, esse acesso é legítimo, mas programadores mal-intencionados podem usar a tecnologia para aplicações nada nobres. Ver *Applet*.

Cookie

Arquivo de texto armazenado no computador do internauta e que serve para identificar o usuário que visita de novo um site. Um cookie pode conter informações de registro em um site e preferências do usuário. Quando um servidor recebe uma requisição do navegador que inclui um cookie, o servidor pode usar a informação armazenada no arquivo para personalizar o site para o internauta. Os cookies podem ser usados para coletar informações importantes sobre um usuário que seriam impossíveis de obter sem ele.

Correção

Pedaço de código feito para corrigir falhas em um software ou no sistema operacional. Geralmente, as correções são liberadas pelo desenvolvedor do software defeituoso. Ver *Patch*.

Cracker

Pessoa que quebra a segurança de um sistema sem, necessariamente, conhecer seu funcionamento a fundo. Intrometido e malicioso que tenta descobrir informações sensíveis bisbilhotando. Ver *Hacker.*

Criptografado

São os que utilizam a criptografia para se esconder dos verificadores de vírus, ou seja, eles desorganizam seu código de programa para dificultar a detecção. Ver *Vírus.*

Criptografia

Conjunto de técnicas que permitem embaralhar as informações (mensagens, dados armazenados) transmitidas entre os computadores, de modo a impedir que o conteúdo dessas informações seja lido no meio do caminho. A criptografia é usada para autenticar a identidade de usuários e transações bancárias e proteger transferências eletrônicas de fundos e o sigilo das comunicações pessoais e comerciais. Ver *Encriptação.*

D

Dano

O componente relativo a danos avalia os estragos que uma determinada ameaça pode provocar. Essa avaliação inclui os eventos acionados, a obstrução de servidores de e-mail, a exclusão ou modificação de arquivos, a liberação de informações sigilosas, a degradação do desempenho, os erros no código do vírus, o comprometimento das configurações de segurança e a facilidade com a qual os danos podem ser reparados.

Destrutivo

Os vírus de computador podem ter uma rotina que pode acionar a carga viral. Um vírus será definido como destrutivo se sua carga viral causar algum dano ao sistema, como corromper e deletar arquivos, formatar o HD e executar ataques de negação de serviço.

DoS (Denial of Service)

Ou negação de serviço, em português. Trata-se de um ataque com a finalidade de tirar um site ou um servidor do ar. Consiste no envio de milhares de requisições simultâneas a um endereço, sobrecarregando o sistema e impedindo o acesso de usuários reais.

E

Encriptação

Processo de disfarçar a informação de modo que ela não seja compreendida por uma pessoa não autorizada. Ver Criptografia.

Engenharia social

Termo usado para técnicas que se apóiam mais em pessoas do que no software. O objetivo é levar funcionários e colaboradores de uma empresa a revelar, por ingenuidade ou confiança, senhas e outras informações que possam comprometer a segurança de um sistema.

Exploração

Quando um programa ou técnica se aproveita de uma vulnerabilidade do software. As explorações podem ser usadas para violar a segurança ou atacar um host através da rede.

F

Firewall

Filtro colocado no computador que funciona como uma barreira contra intrusos ou uso indevido dos recursos do sistema. Pode ser software, hardware ou uma combinação dos dois.

G

Gatilho

Ação ou data que pode acionar o vírus no computador infectado. Os vírus ativados por data podem afetar o computador nos 365 dias do ano, pois podem infectar a máquina antes da data para sua execução.

H

Hacker

Pessoa que gosta de explorar os detalhes e ampliar as capacidades de sistemas programáveis. Ao contrário da maioria dos usuários, que prefere aprender apenas o mínimo necessário, o hacker:

- programa entusiasticamente ou gosta mais de programar do que apenas teorizar sobre programação;
- programa rapidamente;
- é especialista em algum tipo de programa ou que freqüentemente faz seu trabalho usando a especialidade ou baseado nela;
- gosta do desafio intelectual de superar ou driblar limitações. Ver *Cracker*

Hoax

Vírus falso ou vírus-boato. Normalmente uma mensagem de e-mail enviada sob a forma de "corrente" que descreve algum vírus devastador de existência bastante improvável. É bem fácil identificá-lo porque não há arquivos anexados, nem o aval de nenhuma autoridade para as declarações da mensagem, e também pelo tom geral da mensagem. Ver *Vírus*.

I

Infecção

Ação que um vírus coloca em prática quando entra em um sistema de computador ou em um dispositivo de armazenamento.

Intrusão

Invasão ou tentativa de invasão de um sistema protegido.

M

Macro

Programa ou segmento de código escrito na linguagem de macro interna de um aplicativo. Algumas macros se duplicam, enquanto outras infectam documentos. Ver *Vírus*.

Malware

Termo genérico usado para descrever códigos maliciosos como vírus, cavalos de Tróia, conteúdo ativo malicioso etc.

P

Patch

Remendo, em português, é um pedaço de software para ser adicionado temporariamente a um programa com a finalidade de corrigir um defeito. Um patch pode ou não funcionar, e pode ou não ser incorporado definitivamente no programa. Ver *Correção*.

PGP

Sigla para Pretty Good Privacy, programa de criptografia que utiliza conceitos de chave pública e chave privada.

Phreaker

Pessoa que quebra a segurança de redes de telefonia.

Polimorfo

Vírus que cria cópias variadas e funcionais de si mesmo como meio de evitar a detecção por softwares antivírus. O mesmo vírus pode parecer completamente diferente em sistemas diferentes ou em arquivos diferentes. Ver *Vírus*.

Proxy

Um servidor que atua como intermediário entre um cliente e outro servidor. Normalmente é utilizado em empresas para aumentar a performance de acesso a determinados serviços ou permitir que mais de uma máquina se conecte à Internet. Os proxies mal configurados podem ser abusados por atacantes e utilizados como uma forma de tornar anônimas algumas ações na Internet, como, por exemplo, atacar outras redes ou enviar SPAM.

R

Replicação

Processo pelo qual um vírus faz cópias de si mesmo com o objetivo de executar infecções subseqüentes. A replicação é uma das características que separa os vírus de outros programas de computador.

Residente de memória

Vírus que permanece na memória depois que é executado e infecta outros arquivos quando certas condições são encontradas. Em contraposição, os vírus não residentes ficam ativos somente quando a aplicação infectada está rodando.

Retrovírus

Vírus que desabilitam ou infectam um software antivírus específico.

S

Scam

Falsas mensagens de e-mail enviadas aos usuários utilizando nomes de empresas e serviços conhecidos. Os scams incentivam o usuário a fazer download de arquivos, os quais posteriormente são detectados como worms, cavalos de Tróia ou outras ameaças. Em alguns casos, essas mensagens simulam formulários ou páginas da web referentes a bancos ou outro serviço que exija cadastramento, com o objetivo de capturar informações confidenciais, como, por exemplo, dados bancários, número de cartão de crédito, nome e endereço, entre outras. Ver _Hoax_.

Senha

Conjunto de caracteres (letras, números e símbolos) de conhecimento exclusivo do usuário. A senha é usada no processo de verificação de identidade.

Sneaker

Indivíduo contratado para invadir lugares com o objetivo de testar a segurança.

Spam

Propaganda não solicitada enviada por e-mail. Originalmente, o termo é usado para definir o ato de derrubar um programa ao fazer um buffer de tamanho fixo transbordar por causa da entrada de dados excessivamente grandes.

Spammer

Pessoa que envia mensagens não solicitadas.

Spoofing

Tentativa de ganhar acesso a um sistema fingindo ser um usuário autorizado.

SSL (Secure Sockets Layer)

Protocolo que possibilita realizar comunicações seguras através de criptografia e autenticação.

T

Trojan

Ver *Cavalo de Tróia*.

V

Variante

Novas linhagens de vírus que "tomam emprestado" o código de outros vírus conhecidos, em graus variados. As variantes em geral são identificadas por uma ou mais letras após o "sobrenome" do vírus, como: VBS.LoveLetter.B, VBS.LoveLetter.C etc.

Vírus

Programa ou código que se duplica, ou seja, infecta outro programa, setor de inicialização, setor de partição ou documento que suporta macros inserindo-se ou anexando-se àquele meio. Quando esses programas são executados, o vírus embutido é executado também, propagando a infecção. Isso normalmente acontece sem que o usuário da máquina perceba. Ao contrário do worm, um vírus não pode infectar computadores sem ajuda. Ele se propaga usando vetores, como, por exemplo, programas trocados por usuários. O vírus pode não fazer nada, a não ser propagar-se e deixar o programa infectado funcionar normalmente. Contudo, depois de se propagar silenciosamente por um período, ele começa a exibir mensagens ou pregar peças.

Ver também:
- Criptografado
- Polimorfo ou mutante
- Macro
- Boot
- Hoax (falso)
- Cavalo de Tróia
- Worm
- Arquivo
- Blindado
- Cluster
- Residente de memória

Vulnerabilidade

Qualquer característica de um sistema que permita que alguém o impeça de operar corretamente ou que permita a usuários não autorizados assumirem o controle sobre ele.

WEP

Do inglês Wired Equivalent Privacy, protocolo de segurança para redes sem fio que usa a criptografia para a transmissão de dados.

Worm

Programa que faz cópias de si mesmo, por exemplo: de uma unidade de disco para outra, através de e-mail ou outro mecanismo de transporte. Ele pode danificar o computador e comprometer sua segurança, apresentando-se sob a forma de algum software ou programa brincalhão.

ANEXOS

A. Modelo de Questionário para Levantamento dos Processos de Segurança Relacionados ao *Backup* e *Restore*

Data:
Participantes:
Áreas:

1. Qual a área responsável pela realização do backup incluindo sua parametrização?
2. O processo está automatizado? Quais as ferramentas utilizadas para backup?
3. Qual a periodicidade, horário de início e término, e a quantidade de mídias utilizadas?
4. Existem testes periódicos dos backups? Os testes são documentados?
5. Como são armazenados? Quais são os recursos de segurança utilizados?
6. Qual a dependência para a realização dos backups?
7. Existem procedimentos de restauração dos backups em caso de eventos? Quem autoriza a restauração? Quem possui permissão para operacionalizar o backup?

Modelo de Documentação de Backup

DIÁRIO									
Nome do Servidor/ Jogo	Quant. de fitas	Tipo de fita	Local do Servidor	Abrang. Backup	Retenção	Horário	Modo do Backup	Depend.	Obs
Server' Bkp15	20	DDS-3	CPD Santos	F:\Oracle	15 dias	01:00 AM	Backup Full	Aguardar término das interfaces automatizadas	N/A

B. Modelo de Questionário para Avaliação de Risco

Data:
Participantes:
Áreas:

1. Entenda de forma abrangente como funciona o negócio da organização.

2. Entenda a representatividade da área para as operações da organização, considerando os impactos financeiros caso a mesma venha a ser prejudicada por algum incidente de segurança.

3. Ao obter entendimentos sobre as operações do negócio, juntamente com o gestor da área, relacione os riscos inerentes ao processo. Para este caso é importante já desenvolver antecipadamente uma lista dos possíveis riscos inerentes aplicáveis ao tipo de negócio.

4. Identifique os envolvidos nos processos da área de negócio.

5. Relacione os recursos utilizados (sistemas, hardware, softwares básico, contratos) de forma que ao término do levantamento exista um inventário dos ativos do processo.

6. Identifique o nível de dependência de TI da área de negócio.

   Exemplos
   - Moderado (pouco depende do processamento de dados, realizando diversas atividades manualmente).
   - Abrangente (dependência na maioria das atividades por tecnologia).
   - Dominante (não efetua as atividades sem o uso de tecnologia).

7. Identifique os recursos de segurança utilizados e os procedimentos de administração e uso de tais recursos.

8. Verifique a percepção atual sobre o tema "conscientização em segurança da informação".

9. Entenda os controles para cada risco inerente identificado.

NOTA: O levantamento de controles para cada risco inerente identificado não deve ocorrer apenas por meio de entrevistas, mas deve haver a análise de evidências.

Trabalhos relativos à gestão de riscos, não necessitam obrigatoriamente do uso de técnicas de auditoria, embora, avaliações com esta prática utilizada, obtenham resultados mais interessantes do ponto de vista de *compliance.*

C. Modelo de Relatório de Avaliação de Riscos

Este modelo é uma sugestão para a elaboração de um relatório que contenha o resultado de uma avaliação de riscos.

Após a realização dos trabalhos de avaliação de riscos, é importante reportar ao corpo executivo os resultados.

A linguagem do relatório deve ser capaz de se fazer entender sem a necessidade de traduções técnicas por parte dos especialistas.

Sugerimos ao leitor que tenha como foco o conteúdo apresentado, deixando a sua livre escolha as questões de layout.

I. Sumário Executivo

Utilize o sumário executivo para descrever do que se trata a avaliação de riscos, deixando claro o escopo de avaliação e o método utilizado.

As limitações de escopo devem estar descritas neste momento.

Descreva os componentes avaliados, que podem ser sistemas, elementos de hardware, usuários, atividades, localidades físicas.

Explicar os critérios e conceitos da avaliação. Deve ser algo breve, caso seja necessário explicar o que são riscos e demais conceitos de forma alongada, deve-se realizar um workshop ou apresentação.

E por último descreva as conclusões, dando seu parecer.

II. Procedimentos realizados

Descreve brevemente como os trabalhos foram conduzidos e realizados, por exemplo:

- As equipes envolvidas;

- As técnicas utilizadas na obtenção de informações (ex.: utilização de ferramentas, questionários, etc.;

- Os critérios para avaliação;

- Especificações dos sistemas, incluindo hardware, software, interfaces, dados e usuários. Adicionalmente, inclua informações sobre o fluxo de dados e informações (flowchart);

- O processo de desenvolvimento da matriz de risco e sua escala;

- Detalhar e explicar as vulnerabilidades/ameaças;

- Identificar a existência e utilização de controles de segurança;

- Probabilidade de ocorrência;

- Impacto na organização;

- Nível do risco (Alto, Médio e Baixo);

- Recomendações de controles de segurança para minimizar os riscos.

III. Caracterização dos sistemas

Especificações dos sistemas, incluindo hardware, software, interfaces, dados e usuários. Adicionalmente, inclua informações sobre o fluxo de dados e informações.

IV. Declaração de ameaças

Detalhamento da lista das principais fontes de ameaças associadas e atuais contramedidas para os sistemas avaliados.

V. Resultados da avaliação de riscos

Lista as observações de forma a contemplarem:

- Detalhamento das vulnerabilidades;

- Exemplificar as vulnerabilidades e ameaças;

- Identificar a existência e utilização de controles de segurança;

- Probabilidade de ocorrência;
- Impacto na organização;
- Nível do risco (Alto, Médio e Baixo);
- Recomendações de controles de segurança para minimizar os riscos.

VI. Conclusão

Deve-se relatar se os sistemas existentes possuem ou não segurança adequada para suportar as atividades de negócio da organização.

D. Modelo da Estrutura de Documentação de um Plano de Contingência

1. Introdução
   1.1 Objetivo do plano
   1.2 Aplicabilidade
   1.3 Escopo
       1.3.01 Princípios
       1.3.02 Premissas
   1.4 Referências/exigências
   1.5 Registro de mudanças no plano

2. Conceito de operações
   2.1 Arquitetura e descrição dos sistemas
   2.2 Descrição da Árvore Hierárquica de Notificação
   2.3 Responsabilidades

3. Fase de notificação e ativação
   3.1 Procedimentos para a avaliação dos danos
   3.2 Procedimentos para a avaliação alternativa
   3.3 Critérios para a ativação do plano

4. Fase de recuperação
   4.1 Procedimentos para a ativação da localidade alternativa
   4.2 Procedimentos para a recuperação da localidade principal

5. Fase de reconstituição
   5.1 Processamento simultâneo
   5.2 Desativação do plano

6. Anexos ao plano

E. Modelo de Termo de Responsabilidade e Confidencialidade

Eu, abaixo assinado, declaro para os devidos fins e efeitos de direito estar de acordo com as normas e responsabilidades abaixo relacionadas:

Propriedade

Quaisquer recursos disponibilizados para as minhas atividades profissionais são de propriedade da **EMPRESA S/A** e/ou de seus Clientes e devem ser utilizados exclusivamente para o desempenho de minhas funções profissionais.

Divulgação

Não devo divulgar, fornecer e tampouco facilitar o acesso a informações da **EMPRESA S/A** e/ou de seus Clientes a afiliados, funcionários, parceiros, familiares ou quaisquer outras pessoas que:

- Não assinaram e entregaram o presente termo à **EMPRESA S/A**;
- Não estejam diretamente envolvidas com o assunto;
- Não estejam expressamente autorizadas.

Uso

- Comprometo-me a cumprir rigorosamente as normas, políticas e controles descritos na Política de Segurança da Informação e em seus documentos relacionados.
- Sou responsável pela segurança, uso correto e profissional de todos os recursos e informações sob minha responsabilidade.
- Todas as atividades realizadas com recursos tais como crachás, cartões de acesso, chaves, identificações de usuário em sistemas e senhas a mim disponibilizados são de minha responsabilidade.
- Não devo explorar em benefício próprio ou para fins não éticos informações e documentos de propriedade da **EMPRESA S/A** e/ou de seus Clientes.

- Não devo reproduzir ou alterar documentos, arquivos ou informações de propriedade da **EMPRESA S/A** e/ou de seus Clientes a não ser que essa atividade faça parte de minhas obrigações profissionais e eu esteja formalmente autorizado.

- Não devo levar documentos ou arquivos contendo informações da **EMPRESA S/A** e/ou de seus Clientes para fora das dependências da empresa sem autorização formal.

Penalidades

Descumprindo os compromissos assumidos neste termo, estarei sujeito às penalidades internas previstas no processo disciplinar da **EMPRESA S/A** e/ou ações penais/cíveis previstas em lei.

Vigência

Estou ciente de que as normas e responsabilidades contidas neste termo se estendem por tempo indeterminado, independente da quebra do vínculo profissional com a **EMPRESA S/A**.

(Local e Data)   (Assinatura do Empregado)

Nome:_____   R.G.:_____

F. Modelo de Questionário para Entendimento e Levantamento das Atividades, Processos e Informações para Classificação da Informação

| Data: |
| Participantes: |
| Áreas: |

Existe um responsável formalmente designado para este projeto?
– O profissional mais indicado para coordenar este tipo de projeto é a área de Segurança da Informação (Oficial de Segurança das Informações). Embora não seja totalmente essencial, recomenda-se obter o comprometimento da Alta Administração da organização, pois pode ser um fator crítico de sucesso para o projeto. Sem esse comprometimento, será difícil obter acesso às informações necessárias ou pessoas importantes da organização que poderão ajudar na divulgação do projeto, do conceito de classificação e dos controles dos ativos de informação.

O que se deseja proteger e do que/quem? – A área de Segurança da Informação, responsável pelo projeto, deve desenvolver uma análise das possíveis ameaças às quais a organização está exposta, os riscos associados e quais dados e informações estão sujeitos a tais ameaças. Essas informações também serão utilizadas no processo de Avaliação e Análise de Riscos *(Risk Assessment)*;

Existem políticas corporativas e/ou leis que deverão ser respeitadas?
– Políticas corporativas e/ou leis vigentes a serem respeitadas terão impacto no projeto. A área de Segurança da Informação deve estar familiarizada com esses aspectos e utilizá-los como justificativas para a classificação dos dados, bem como para o processo de Análise de Riscos ou outras atividades;

A organização atribuiu proprietários às informações? – As decisões de liberação de acesso, definições de perfis e classificação da informação, são responsabilidade do proprietário das informações. O departamento de informática ou a área de Segurança da Informação é responsável por fornecer a tecnologia, processos, recursos e procedimentos para que a decisão do proprietário da informação seja implementada, e não tem envolvimento no processo de decisão de liberação de acesso, definição de perfis e classificação das informações. O coordenador do projeto, junto com a Alta Administração, poderá ser beneficiado se este conceito for adequadamente divulgado na organização;

Os recursos estão disponíveis para realização do projeto? – Estabelecer os procedimentos e processos para a classificação dos dados, executar a análise de riscos, realizar treinamento, etc., requer um alto comprometimento de todos os envolvidos que trabalham na organização. Ressaltamos novamente que o comprometimento da Alta Administração tem uma fundamental importância para o sucesso do projeto. A elaboração de processos, procedimentos e ferramentas para a correta implementação do processo de classificação e controle dos ativos de informação leva tempo e requer dedicação dos colaboradores.

G. Modelo de Questionário para Entendimento dos Procedimentos de Segurança Física

Data:
Participantes:
Áreas:

1. De quem é a responsabilidade pela segurança no CPD? De que forma ocorre a concessão de acesso? Quem fornece a permissão para o acesso?

2. Existem dispositivos de monitoramento, controle e combate a incêndios?

3. Existe abastecimento de energia elétrica de forma alternativa?

4. Existem sistemas de ar-condicionado, ventilação e acústica?

5. Existem procedimentos de guarda e descarte de mídias?

6. De que forma é realizado o envio de equipamentos para a manutenção?

H. Decreto Nº 3.505, de 13 de junho de 2000 – Institui a Política de Segurança da Informação nos Órgãos e Entidades da Administração Pública Federal

O PRESIDENTE DA REPÚBLICA, no uso da atribuição que lhe confere o art. 84, inciso IV, da Constituição, e tendo em vista o disposto na Lei nº 8.159, de 8 de janeiro de 1991, e no Decreto nº 2.910, de 29 de dezembro de 1998,

DECRETA:

Art. 1º Fica instituída a Política de Segurança da Informação nos órgãos e nas entidades da Administração Pública Federal, que tem como pressupostos básicos:

I - assegurar a garantia ao direito individual e coletivo das pessoas, à inviolabilidade da sua intimidade e ao sigilo da correspondência e das comunicações, nos termos previstos na Constituição;

II - proteção de assuntos que mereçam tratamento especial;

III - capacitação dos segmentos das tecnologias sensíveis;

IV - uso soberano de mecanismos de segurança da informação, com o domínio de tecnologias sensíveis e duais;

V - criação, desenvolvimento e manutenção de mentalidade de segurança da informação;

VI - capacitação científico-tecnológica do País para uso da criptografia na segurança e defesa do Estado; e

VII - conscientização dos órgãos e das entidades da Administração Pública Federal sobre a importância das informações processadas e sobre o risco da sua vulnerabilidade.

Art. 2º Para efeitos da Política de Segurança da Informação, ficam estabelecidas as seguintes conceituações:

I - Certificado de Conformidade: garantia formal de que um produto ou serviço, devidamente identificado, está em conformidade com uma norma legal;

II - Segurança da Informação: proteção dos sistemas de informação contra a negação de serviço a usuários autorizados, assim como contra a intrusão, e a modificação desautorizada de dados ou informações, armazenados, em processamento ou em trânsito, abrangendo, inclusive, a segurança dos recursos humanos, da documentação e do material, das áreas e instalações das comunicações e computacional, assim como as destinadas a prevenir, detectar, deter e documentar eventuais ameaças a seu desenvolvimento.

Art. 3º São objetivos da Política da Informação:

I - dotar os órgãos e as entidades da Administração Pública Federal de instrumentos jurídicos, normativos e organizacionais que os capacitem científica, tecnológica e administrativamente a assegurar a confidencialidade, a integridade, a autenticidade, o não-repúdio e a disponibilidade dos dados e das informações tratadas, classificadas e sensíveis;

II - eliminar a dependência externa em relação a sistemas, equipamentos, dispositivos e atividades vinculadas à segurança dos sistemas de informação;

III - promover a capacitação de recursos humanos para o desenvolvimento de competência científico-tecnológica em segurança da informação;

IV - estabelecer normas jurídicas necessárias à efetiva implementação da segurança da informação;

V - promover as ações necessárias à implementação e manutenção da segurança da informação;

VI - promover o intercâmbio científico-tecnológico entre os órgãos e as entidades da Administração Pública Federal e as instituições públicas e privadas, sobre as atividades de segurança da informação;

VII - promover a capacitação industrial do País com vistas à sua autonomia no desenvolvimento e na fabricação de produtos que incorporem recursos criptográficos, assim como estimular o setor produtivo a participar competitivamente do mercado de bens e de serviços relacionados com a segurança da informação; e

VIII - assegurar a interoperabilidade entre os sistemas de segurança da informação.

Art. 4º Para os fins deste Decreto, cabe à Secretaria-Executiva do Conselho de Defesa Nacional, assessorada pelo Comitê Gestor da Segurança da Informação de que trata o art. 6º, adotar as seguintes diretrizes:

I - elaborar e implementar programas destinados à conscientização e à capacitação dos recursos humanos que serão utilizados na consecução dos objetivos de que trata o artigo anterior, visando garantir a adequada articulação entre os órgãos e as entidades da Administração Pública Federal;

II - estabelecer programas destinados à formação e ao aprimoramento dos recursos humanos, com vistas à definição e à implementação de mecanismos capazes de fixar e fortalecer as equipes de pesquisa e desenvolvimento, especializadas em todos os campos da segurança da informação;

III - propor regulamentação sobre matérias afetas à segurança da informação nos órgãos e nas entidades da Administração Pública Federal;

IV - estabelecer normas relativas à implementação da Política Nacional de Telecomunicações, inclusive sobre os serviços prestados em telecomunicações, para assegurar, de modo alternativo, a permanente disponibilização dos dados e das informações de interesse para a defesa nacional;

V - acompanhar, em âmbito nacional e internacional, a evolução doutrinária e tecnológica das atividades inerentes à segurança da informação;

VI - orientar a condução da Política de Segurança da Informação já existente ou a ser implementada;

VII - realizar auditoria nos órgãos e nas entidades da Administração

Pública Federal, envolvidas com a política de segurança da informação, no intuito de aferir o nível de segurança dos respectivos sistemas de informação;

VIII - estabelecer normas, padrões, níveis, tipos e demais aspectos relacionados ao emprego dos produtos que incorporem recursos critptográficos, de modo a assegurar a confidencialidade, a autenticidade, a integridade e o não-repúdio, assim como a interoperabilidade entre os Sistemas de Segurança da Informação;

IX - estabelecer as normas gerais para o uso e a comercialização dos recursos criptográficos pelos órgãos e pelas entidades da Administração Pública Federal, dando-se preferência, em princípio, no emprego de tais recursos, a produtos de origem nacional;

X - estabelecer normas, padrões e demais aspectos necessários para assegurar a confidencialidade dos dados e das informações, em vista da possibilidade de detecção de emanações eletromagnéticas, inclusive as provenientes de recursos computacionais;

XI - estabelecer as normas inerentes à implantação dos instrumentos e mecanismos necessários à emissão de certificados de conformidade no tocante aos produtos que incorporem recursos criptográficos;

XII - desenvolver sistema de classificação de dados e informações, com vistas à garantia dos níveis de segurança desejados, assim como à normatização do acesso às informações;

XIII - estabelecer as normas relativas à implementação dos Sistemas de Segurança da Informação, com vistas a garantir a sua interoperabilidade e a obtenção dos níveis de segurança desejados, assim como assegurar a permanente disponibilização dos dados e das informações de interesse para a defesa nacional; e

XIV - conceber, especificar e coordenar a implementação da infraestrutura de chaves públicas a serem utilizadas pelos órgãos e pelas entidades da Administração Pública Federal.

Art. 5º À Agência Brasileira de Inteligência - ABIN, por intermédio do Centro de Pesquisa e Desenvolvimento para a Segurança das Comunicações - CEPESC, competirá:

I - apoiar a Secretaria-Executiva do Conselho de Defesa Nacional no tocante a atividades de caráter científico e tecnológico relacionadas à segurança da informação; e

II - integrar comitês, câmaras técnicas, permanentes ou não, assim como equipes e grupos de estudo relacionados ao desenvolvimento das suas atribuições de assessoramento.

Art. 6º Fica instituído o Comitê Gestor da Segurança da Informação, com atribuição de assessorar a Secretaria-Executiva do Conselho de Defesa Nacional na consecução das diretrizes da Política de Segurança da Informação nos órgãos e nas entidades da Administração Pública Federal, bem como na avaliação e análise de assuntos relativos aos objetivos estabelecidos neste Decreto.

Art. 7º O Comitê será integrado por um representante de cada Ministério e órgãos a seguir indicados:

I - Ministério da Justiça;

II - Ministério da Defesa;

III - Ministério das Relações Exteriores;

IV - Ministério da Fazenda;

V - Ministério da Previdência e Assistência Social;

VI - Ministério da Saúde;

VII - Ministério do Desenvolvimento, Indústria e Comércio Exterior;

VIII - Ministério do Planejamento, Orçamento e Gestão;

IX - Ministério das Comunicações;

X - Ministério da Ciência e Tecnologia;

XI - Casa Civil da Presidência da República; e

XII - Gabinete de Segurança Institucional da Presidência da República, que o coordenará.

XIII - Secretaria de Comunicação de Governo e Gestão Estratégica da Presidência da República.

§ 1º Os membros do Comitê Gestor serão designados pelo Chefe do Gabinete de Segurança Institucional da Presidência da República, mediante indicação dos titulares dos Ministérios e órgãos representados.

§ 2º Os membros do Comitê Gestor não poderão participar de processos similares de iniciativa do setor privado, exceto nos casos por ele julgados imprescindíveis para atender aos interesses da defesa nacional e após aprovação pelo Gabinete de Segurança Institucional da Presidência da República.

§ 3º A participação no Comitê não enseja remuneração de qualquer espécie, sendo considerada serviço público relevante.

§ 4º A organização e o funcionamento do Comitê serão dispostos em regimento interno por ele aprovado.

§ 5º Caso necessário, o Comitê Gestor poderá propor a alteração de sua composição.

Art. 8º Este Decreto entra em vigor na data de sua publicação.

Brasília, 13 de junho de 2000; 179º da Independência e 112º da República.

FERNANDO HENRIQUE CARDOSO
José Gregori
Geraldo Magela da Cruz Quintão
Luiz Felipe Lampreia
Pedro Malan
Waldeck Ornélas
José Serra
Alcides Lopes Tápias
Martus Tavares
Pimenta da Veiga
Ronaldo Mota Sardenberg
Pedro Parente
Alberto Mendes Cardoso

Publicado no D.O. de 14.0.2000

I. Exemplo de Ataque de Engenharia Social por Telefone

Secretária: Bom dia, Consultoria ABC, Maria falando. Em que posso ajudar?

????????: Boa tarde Maria, eu preciso falar com o Diretor Financeiro...

Secretária: O Sr. Carlos Luis está em reunião com a empresa XYZ...

????????: Isso mesmo! Minha cabeça anda cheia de problemas e eu estou sem a minha agenda aqui... Você não teria o telefone e o e-mail dele em mãos para eu anotar aqui, teria?

Secretária: Tenho sim, está aqui cadastrado em meu programa de e-mail corporativo! O telefone é...

????????: Nossa, você é mesmo eficiente Maria! Mas, pena que ele não está... Ele não deixou nenhum documento com você para mim? É que estou tratando alguns assuntos com ele...

Secretária: Não, não deixou nada comigo.

????????: Ele deve ter esquecido! Você poderia fazer o enorme favor de ver se está na mesa dele? Desculpe te incomodar, mas é urgente...

Secretária: Olha... Não sei se eu posso... aguarde um minutinho... Achei um documento na gaveta dele: "Plano Estratégico Financeiro", com o nome de Arnaldo Silva.

????????: Isso mesmo, esse é o documento! Mas como eu sou indelicado, não me apresentei até agora! Prazer em conhecê-la, eu sou o Arnaldo Silva. Agora vou te pedir o último favor: Você pode olhar lá pelas últimas páginas e me informar os valores que estão no documento? Assim, eu nem preciso incomodar o Carlos na reunião dele.

MORAL DA HISTÓRIA

Se você considera que o texto representa uma conversa normal por telefone, olhe novamente e procure observar a quantidade de informações que a **Secretária** passou desnecessariamente ao Desconhecido (????) do outro lado da linha.

O diálogo acima representa um legítimo **ataque de Engenharia Social**. Nesse tipo de ataque, a pessoa mal intencionada utiliza-se de algumas das chamadas "vulnerabilidades" que todos nós, os seres humanos, possuímos, como:

- **Vontade de ser útil**: Salvo algumas exceções, tendemos a ser prestativos com pessoas em dificuldade;

- **Vaidade**: Costumamos ser mais receptivos mediante elogios e avaliações positivas a nosso respeito;

- **Autoconfiança**: Buscamos transmitir em diálogos algo que fazemos bem, coletiva ou individualmente, transmitindo segurança, conhecimento, saber e eficiência.

Para evitar tornar-se vítima de ataques de Engenharia Social, fique sempre atento a estas recomendações:

- Seja conservador: Sempre que desconfiar de alguém (uma ligação, um e-mail, etc.) procure saber da veracidade dos fatos antes de fornecer qualquer informação;

- Confirme sempre se a pessoa que está falando com você, realmente é quem diz ser;

- Use o **bom senso**! Ele é a sua melhor arma contra os ataques de Engenharia Social.

Segurança da Informação

Autor: *Fernando Nicolau Freitas*
176 páginas
ISBN: 85-7393-290-2

A internet se tornou um campo aberto para hackers profissionais e amadores, dada a divulgação de programas de invasão e à acelerada evolução na Tecnologia da Informação. O que é moderno hoje se torna obsoleto amanhã. Precisamos estar atualizados e prevenidos de forma a garantirmos a segurança dos ativos de informação e da continuidade dos negócios.

O próprio nome do livro já diz ao que ele veio: Segurança da Informação. Um estudo sério sobre formas de se proteger em relação aos principais temas ligados à segurança em ambientes informatizados nos dias de hoje. De que forma? Quais as soluções viáveis para se sentir seguro? Leia Segurança da Informação e tenha as respostas para estas e tantas outras questões.

À venda nas melhores livrarias.

EDITORA
CIÊNCIA MODERNA

Vença Fácil

Autor: *Marcos Marreiro Villela*
104 páginas
ISBN: 85-7393-307-0

Quem de nós não gostaria de ter sucesso na faculdade que estuda? Ou durante uma pesquisa de pós-graduação? Os desafios são diariamente colocados à nossa frente e temos que aprender a superá-los, pois é através dos mesmos que podemos mostrar nosso potencial ao mundo e a nós mesmos.

Este texto foi escrito com o propósito de auxiliar os estudantes a obter êxito durante sua vida acadêmica, sejam eles universitários ou pessoas já formadas que almejam ingressar na pós-graduação. Os comentários existentes nesse trabalho estão apresentados de forma simples e objetiva, e são de extrema importância para aqueles que buscam a vitória na sua profissão.

À venda nas melhores livrarias.

EDITORA CIÊNCIA MODERNA

Impressão e acabamento
Gráfica da Editora Ciência Moderna Ltda.
Tel: (21) 2201-6662

Acionamento, Comando e Controle de Máquinas Elétricas

Autor: Richard M. Stephan
240 páginas
1ª edição - 2013
Formato: 16 x 23
ISBN: 978-85-399-0354-2

O homem moderno não precisa desempenhar tarefas que exigem força. Levantamento de peso, por exemplo, tornou-se esporte. O esforço braçal encontra-se delegado às máquinas, dentre as quais, as movidas por eletricidade ocupam espaço significativo. Este livro objetiva apresentar as soluções técnicas disponíveis para a escolha dos motores elétricos, seus circuitos de acionamento, comando e controle, como uma totalidade organizada e de forma concisa. Conhecimentos de mecânica, eletrônica de potência, máquinas elétricas, circuitos, microeletrônica, controle, simulação digital são integrados, formando um quadro harmonioso e complementar. A teoria encontra-se intencionalmente apresentada de forma resumida, deixando-se parte do conhecimento como desafios lançados em uma série de exercícios resolvidos.

À venda nas melhores livrarias.

Impressão e Acabamento
Gráfica Editora Ciência Moderna Ltda.
Tel.: (21) 2201-6662